CB018455

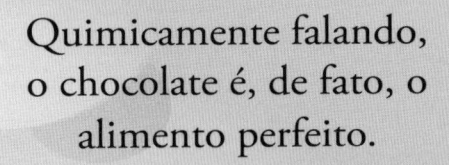

Quimicamente falando, o chocolate é, de fato, o alimento perfeito.

—

Michael Levine, pesquisador de nutrição, em citação feita em
*The Emperors of Chocolate: Inside the Secret World of Hershey
and Mars* (Os imperadores do chocolate: Por dentro
do mundo secreto de Hershey e Mars)

Título original
When chocolate isn't enough

Copyright © 2015 by Worthy Inspired, a division of Worthy Media, Inc.
This book was first published in the United States by Worthy Publishing, One
Franklin Park, 6100 Tower Circle, Suite 210, Franklin, TN 37067, with the title
When Chocolate Isn't Enough by Michelle Medlock Adams, copyright © 2015.

Editor responsável
Marcos Simas

Supervisão editorial
Maria Fernanda Vigon

Tradução
Julia Ramalho

Preparação de texto
Carlos Fernandes

Diagramação
Clara Simas

Revisão
João Rodrigues Ferreira
Carlos Buczynski
Nataniel dos Santos Gomes
Arthur Pinto Souza

Todos os direitos desta obra pertencem à Geográfica Editora © 2017.
Qualquer comentário ou dúvidas sobre este produto escreva para:
produtos@geografica.com.br

A2151q

Adams, Michelle Medlock
    Quando chocolate não basta: um manual de sobrevivência para as mães / Michelle Medlock
Adams. Traduzido por Júlia Gomes Ramalho. – São Paulo : Geográfica, 2017.

256p. ; 12x17cm.
ISBN 978-85-8064-203-2

1. Meditação cristã. 2. Relações mãe-criança. 3. Receitas com chocolate. I. Ramalho, Júlia Gomes.
II. Título.

CDU 242-055.26:641.85

Este produto possui 256 páginas impressas em papel polen 70g
e em formato 13x20cm(esta medida pode variar em até 0,5cm)

código 70397 - CNPJ 44.197.044/0001 - S.A.C. 0800-773-6511

Em memória de minha doce e chocólatra mãe,
Marion Medlock.

Para as minhas duas preciosas filhas, Abby e Allyson.
Vocês me inspiram todos os dias e não há ninguém
com quem eu prefira dividir uma sobremesa de
chocolate... Amo muito vocês! — Mamãe

Tudo de que realmente preciso é amor, mas um pouco de chocolate de vez em quando não machuca ninguém!

—

Lucy Van Pelt, em *Peanuts*, de Charles M. Schulz

CHOCOLATE — O SABOR DA MINHA VIDA

Passei por uma multidão de meninas de rabo de cavalo para ler a lista. O teste para líderes de torcida havia sido quatro horas mais cedo, e chegara a hora da verdade. Eu teria conseguido passar no teste em que 64 meninas disputavam apenas seis vagas para a equipe de líderes de torcida da escola Bedford North Lawrence? Li atentamente cada número. "Onde está o 23?", eu me perguntava. Conferi o número que estava na minha camisa, só para ter certeza de que ele realmente não correspondia aos seis números daquela lista, mas já sabia a resposta. A verdade é que eu não havia entrado para a equipe. Eu havia sido líder de torcida no sexto, sétimo, oitavo e nono ano, mas teria que sentar nas arquibancadas logo no meu primeiro ano do ensino médio. A sensação era a de ter sido atropelada por um caminhão. Educadamente, parabenizei as meninas que já estavam comemorando a sua entrada para a equipe e saí do ginásio em direção ao carro da minha mãe, que me esperava pacientemente, com aquela expressão de ansiedade no rosto. Aquela foi uma das caminhadas mais longas da minha vida.

Antes que eu pudesse dizer: "Não passei", ela já sabia.

Mamãe não disse uma palavra; ela apenas me abraçou. Dirigimo-nos para nossa casa em pesado silêncio, interrompido, apenas, pelos baixos soluços de choro vindos do meu lado do carro. Ela, então, parou no centro de Bedford.

— O que você está fazendo? — perguntei, limpando o rímel do meu rosto.

— Já volto — ela respondeu, entrando depressa em uma loja ali perto.

Quando voltou, mamãe trazia uma sacola de uma loja de doces. Ela me entregou e disse:

— Vá em frente, devore! A vida é muito curta para ficarmos tristes.

Sorri ao ver a sacola cheia de amendoins cobertos de chocolate — o meu doce preferido!

— Obrigada — eu disse, enquanto dava a primeira mordida em uma daquelas delícias.

E, assim, a tradição teve início. Sempre que havia algo na vida para superar ou comemorar, nós o fazíamos com chocolate. Claro, não exagerávamos — um bombom aqui, uma barra de chocolate ali... Porém, a tradição continuou firme por toda a minha vida.

Quando decidi fazer novamente o teste para líder de torcida, já no último ano do ensino médio, e entrei para a equipe oficial, fomos direto para a loja de doces comemorar com — acertou! — amendoins com cobertura de chocolate. Anos mais tarde, quando meu marido e eu descobrimos que estávamos esperando uma menina, minha mãe nos deu docinhos de chocolate com recheio de creme rosa para comemorar a notícia maravilhosa. E quando mamãe ganhou o torneio de golfe, dividimos uma sobremesa chamada "Morta por chocolate" em um restaurante próximo. Afinal, dizem que o que não mata, fortalece. Tenho que concordar com isso.

O chocolate se tornou nosso vínculo secreto, embora não precisássemos de nada para nos aproximar. Minha mãe e eu sempre fomos as melhores amigas. Ainda assim, dividir delícias de chocolate nos ligava de uma maneira especial, mesmo quando muitos quilômetros nos separavam. Quando me mudei com meu marido e minhas filhas para o Texas, por causa do meu trabalho, deixar minha mãe e meu pai em Indiana foi algo muito difícil. Senti muita falta dos dois. Afinal, nós havíamos morado ao lado deles durante muitos anos, e agora estávamos a dezenas de estados de distância.

Um dia, enquanto desempacotava uma das muitas caixas da mudança em nossa nova casa, a campainha tocou. Era o rapaz dos Correios trazendo uma encomenda para mim.

Ao rasgar a caixa para abrir o pacote, imediatamente reconheci a caixinha branca com o rótulo dourado à qual me acostumara por tantos anos! Era da nossa lojinha de doces preferida. No cartão, estava escrito: "Pensei que você pudesse precisar de uma energia extra para organizar a mudança. Com amor, mamãe." As bombas e barras de chocolate estavam maravilhosas, mais ainda do que eu me lembrava. Saboreei cada uma delas com calma nas semanas seguintes.

LEMBRANÇAS COM COBERTURA DE CHOCOLATE

Ao longo dos anos, mamãe e eu assamos cookies de chocolate, dividimos sobremesas cheias de chocolate, saíamos de nossas dietas para comer gotinhas de chocolate e desfrutávamos da companhia uma da outra sempre que estávamos juntas. Até mesmo quando ela recebeu o diagnóstico do médico, nós lidamos com o seu câncer com algumas colheradas de sorvete de chocolate. Enquanto mamãe lutava contra a doença e eu me sentava ao lado dela na cama do hospital, desejava reviver cada lembrança coberta de chocolate. Eu queria saborear cada bobagem que fazíamos, recordando de todas as coisas engraçadas que ela já havia dito. Nenhuma de nós estava com apetite; mamãe já não conseguia comer muita coisa, mas, quando acordou naquela tarde, olhou para mim e sussurrou, com brilho nos olhos:

— Eu tomaria agora um milk-shake de chocolate...

Sorri para ela e respondi:

— Pode deixar, eu já volto.

A maravilhosa equipe de cozinha do hospital me ouviu contar sobre a longa história de amor da minha mãe com o chocolate e concordou em preparar o milk-shake para ela, mesmo não fazendo parte do cardápio.

— Está muito gostoso — ela disse, tomando um imenso gole. — Experimente, querida.

— Tudo bem — respondi, usando meu próprio canudo para beber.

Estava tão grosso que quase não consegui tomar com aquele canudo fininho, mas o trabalho valeu a pena. Como estava delicioso! Enquanto tomávamos o seu milk-shake de chocolate, compartilhamos mais um lindo momento juntas — algo que eu não trocaria nem por todo o chocolate do mundo. Mamãe foi para o céu em maio de 2006, e acredito que ela está me esperando lá com divinos amendoins com cobertura de chocolate. Até lá, darei continuidade à tradição familiar do chocolate com as minhas próprias filhas, recordando as palavras ditas por mamãe no dia em que demos início à nossa tradição: "Vá em frente, devore! A vida é muito curta para ficarmos tristes."

- -

Espero que, ao ler este livro, você "devore" as palavras aqui escritas e seja encorajada para esta maravilhosa jornada que chamamos de maternidade. Quer você seja uma nova mãe ou esteja sofrendo da síndrome do "ninho vazio", estamos juntas nessa aventura! E isso não é uma bênção?

Para ser honesta, eu não era uma daquelas meninas que cresceram sonhando em ser mães, que davam nomes aos seus futuros filhos e sonhavam com brinquedos espalhados pela casa e chupetas. No entanto, fico tão feliz que Deus tenha ignorado o meu falso orgulho e as minhas infinitas inseguranças e tenha permitido que eu fosse mãe, não consigo imaginar a minha vida sem as minhas meninas. Elas são a minha vida!

No entanto, apesar da maternidade ser uma bênção indescritível, há dias em que, realmente, preciso ouvir a voz de Deus, sentada em minha poltrona preferida, desfrutando de uma barra de chocolate e uma Coca-Cola zero, para ver as coisas sob uma perspectiva diferente.

Porque não é fácil.

Ser mãe é o trabalho mais cansativo, irritante, alegre e gratificante que jamais teremos nesta vida. E ele passa rápido, como um grande borrão repleto de maravilhas. Por isso, escrevi este livro — como um lembrete de que devemos aproveitar a jornada; de que estamos nisso juntas; de que é uma bênção ser mãe; de que podemos fazer o que Deus nos chamou a fazer; e de que comer um pedaço de chocolate ao longo da jornada é sempre uma boa ideia.

Como o subtítulo do livro indica, sim, este é um "Guia de sobrevivência" para nós. Mas, somos mães! Fazemos mais do que simplesmente sobreviver — nós prosperamos! Somos mães, ouçam os nossos rugidos! E podemos tudo em Cristo que nos fortalece, amém?

Orei sobre esta obra. Orei por você. E não acredito que você esteja lendo este livro por acidente. Creio, de todo o coração, que Deus usará este livro para falar com você, encorajá-la e oferecer mais alegria (e chocolate, claro!) para esta doce jornada. ☺

O EXERCÍCIO DE EQUILÍBRIO AGRIDOCE...

APRENDENDO A ABRAÇAR A VIDA LOUCA QUE CHAMAMOS DE "MATERNIDADE"

Qualquer pessoa que me conheça sabe que cozinhar não é, definitivamente, o meu forte. Cozinho bem algumas coisas, mas é uma lista pequena. No entanto, amo fazer doces — especialmente se houver chocolate envolvido. Mas tenho apenas algumas receitas de sobremesas "testadas e aprovadas", que sempre preparo para reuniões familiares e eventos da igreja. Portanto, quando decidimos incluir deliciosas receitas de sobremesas de chocolate neste livro, contei com a ajuda de algumas de minhas amigas e familiares mais próximos. E, confie em mim, essas pessoas sabem cozinhar!

MINHA PRIMA LAURA LOU BEMUS

Laura Lou, assim como eu, gosta de sobremesas fáceis e rápidas. Foi ela quem sugeriu uma das suas preferidas: "Gotas de chocolate".

"Quando eu era professora no Jardim de Infância, uma das mães levou essa sobremesa e achei maravilhosa", ela conta. "Quando, então, descobri como era fácil de fazer, passei a prepará-la com bastante frequência para o lanche escolar."

Depois que descobri como essas delícias são fáceis de fazer, embora, aparentemente, exijam muito trabalho, tive certeza de que precisava incluí-las neste livro.

GOTAS DE CHOCOLATE

200 gramas de creme de leite
300 gramas de chocolate meio amargo
200 gramas de chocolate ao leite
1 colher (chá) de canela em pó
100 gramas de cacau em pó (para finalizar)

Derreta os chocolates em banho-maria. Misture com o creme de leite e a canela e coloque na geladeira até firmar. Faça bolinhas e passe no cacau em pó para finalizar.

Capítulo 1

DEUS TEM TEMPO...
E VOCÊ?

Muitas vezes me pergunto por que Deus não criou as mães com, pelo menos, dez conjuntos de mãos e algumas horas extras por dia. Mas, falando sério agora: existe alguém mais ocupado do que uma mãe? As minhas filhas têm apenas um ano e oito meses de diferença de idade, e quando elas eram pequenas, eu torcia para conseguir tomar um banho antes de anoitecer. Talvez, por isso, eu tenha rido tanto quando li a seguinte postagem no Facebook: "Todas aquelas mães do Pinterest estão fazendo o seu próprio sabonete e biscoitos de bichinhos, enquanto estou feliz por ter conseguido tomar um banho e manter as crianças vivas!" Talvez você consiga se identificar com isso. Precisamos preparar refeições, dar banhos nas crianças, levá-las ao parquinho, arrumar a casa, lavar a roupa, fazer compras e ainda encontrar tempo para ter pelo menos uma conversa significativa com nosso marido... A vida de uma mãe é muito agitada!

No entanto, sabe o que descobri no início dessa incrível jornada chamada maternidade? Sempre que separo um tempo para Deus, de alguma maneira, consigo cumprir todos os itens da minha lista de afazeres! E, ao que parece, não sou a única. Recentemente, li um artigo escrito pela palestrante motivacional e autora Gloria Copeland, contando que havia experimentado o mesmo fenômeno quando ela e o marido, Kenneth, se mudaram para uma casa nova no início do seu casamento. Ela admitiu que se sentia sobrecarregada — precisava desempacotar a montanha de caixas que a cercava, além de ter de cuidar de dois filhos pequenos. No entanto, no meio dos seus dias movimentados, ela se sentiu tocada a ler os quatro evangelhos inteiros, quatro vezes em um mês. Ela pensou: "Como terei tempo de ler tudo isso e ainda manter a casa em ordem?" Ainda assim, Gloria fez disso uma prioridade. Ao final do mês, ela não apenas tinha conseguido cumprir o seu objetivo de leitura como, também, havia desempacotado toda a mudança e, ainda, restaurado algumas peças de sua mobília! Sim, Gloria havia oferecido o seu tempo a Deus, e ele o devolveu a ela.

Isso não faz o menor sentido no mundo natural, mas é verdade! Se, assim como eu, você tem a tendência de se sobrecarregar ao tentar priorizar todas as coisas, entregue tudo a Deus e peça a sua intervenção. Em seguida, tome a decisão de passar tempo com seu Pai celestial — não importa o que aconteça! Gosto de programar o meu tempo com o Senhor até mesmo escrevendo na minha agenda, pois ele nem sempre acontece no mesmo horário todos os dias.

Já ouvi muitos pastores dizerem que a melhor coisa é começar o dia com Deus, lendo a Bíblia e orando pela manhã. Porém, se isso não parece possível por causa da sua rotina agitada durante as manhãs, faça aquilo que funciona melhor para você. O seu tempo com o Senhor pode ser depois de colocar as crianças para dormir, à tarde. Pegue uma xícara de chocolate quente, a Palavra de Deus e desfrute de um momento especial com o Pai. Ou, então, vá para a cama com o seu devocional preferido e leia a Palavra de Deus antes de dormir. Depois que desenvolver esse hábito, você desejará estar na presença do Senhor tanto quanto deseja chocolate, pois é durante esses momentos preciosos na presença de Deus que encontramos alegria, paz, amor, força e sabedoria para sermos mães melhores, esposas mais amorosas, irmãs mais presentes e amigas mais próximas — simplesmente, nos tornamos melhores. Peça ajuda a Deus para encontrar tempo. Ele a ajudará, pois também deseja estar com você!

BEIJOS DO CÉU

Reconheça o SENHOR em todos os seus cami-
nhos, e ele endireitará as suas veredas.
Provérbios 3.6

DO SEU CORAÇÃO PARA O CÉU

Pai, ajuda-me a priorizar o meu dia para que eu consiga cumprir todas as minhas obrigações. Ajuda-me a desejar a tua Palavra. Eu te amo, Deus, e sou muito grata porque tu sempre tens tempo para mim. No poderoso nome de Jesus, amém.

Capítulo 2

FAZENDO MALABARISMO

— **Você NUNCA** participa dos eventos da minha escola! — gritou Abby, minha filha de, na época, dez anos de idade. — Você está SEMPRE trabalhando!

Senti como se alguém tivesse me dado um soco no estômago.

— Isso não é verdade! — respondi. — Fui à mostra de artes e ao seu musical. Fui até à festa de Halloween... Na verdade, levei biscoitos de abóbora com granulado laranja para aquela festa!

— Sim, mas você não fez os biscoitos — gritou Abby. — Você os COMPROU!

Ela estava certa. Eu não tinha tempo para preparar os maravilhosos cookies de chocolate da minha mãe, e então resolvi comprar as guloseimas em formato de abóbora. Não imaginei que Abby se importaria com isso; mas, aparentemente, ela se importava.

Depois da discussão, fui para o meu quarto lamber as feridas. Não tive a intenção de perder o evento "Mamães e bolinhos" na escola de Abby naquela manhã. No entanto, eu o perdi. Abby não entendia que meu editor havia dado um prazo muito curto para terminar um trabalho naquele mesmo dia. Ela não se importava com o fato de eu estar escrevendo um artigo muito importante no exato momento em que aquelas outras mães participavam do evento e comiam bolinhos. Tudo o que ela sabia era que eu a havia decepcionado. E certamente aquela não foi a única vez que eu a frustrei durante a sua infância, ou até mesmo agora, em sua vida adulta. Afinal, ela pode ter 22 anos, mas sempre será a minha menininha.

Ser mãe é muito difícil, quer você trabalhe fora ou não. Portanto, não se cobre tanto! Você está fazendo o melhor que pode, e isso a torna especial! Por trabalhar fora, nem sempre fui capaz de fazer malabarismos, apesar de ter tentado bastante. E, sempre que eu vacilava, me sentia péssima. Ainda hoje, quando decepciono as minhas filhas, me sinto culpada pelo que fiz ou deixei de fazer. E você? Ninguém gosta de decepcionar aqueles que mais ama.

A maternidade é um trabalho de tempo integral e as suas exigências não têm fim. É claro que as suas recompensas também são muito boas. Porém, nos dias em que vacilamos, é difícil enxergar qualquer outra coisa, a não ser o nosso fracasso. E falo por experiência própria. Eu detestava o fato de haver faltado ao "Mamães e bolinhos", mas não tinha como voltar no tempo e comparecer ao evento. Martirizar-me por causa disso também não ajudaria em nada. Depois de um tempo, fui até o quarto de Abby, ignorando a placa "Não entre" pendurada em sua porta, e pedi desculpas por não ter ido à festa dos bolinhos. Ela me perdoou, e pedi a Deus para me ajudar a perdoar a mim mesma, para que eu pudesse seguir em frente.

Se você se sente um fracasso como mãe, então também precisa se perdoar. Esse evento perdido da escola, para mim, já é passado; porém, ainda me sinto muito mal quando não tenho tempo para ajudar Abby em algum trabalho da faculdade, ou quando me esqueço de mandar um livro de *design* que prometi a Ally. A verdade é que somos humanas e, às vezes, iremos errar. Portanto, não devemos ter expectativas irreais sobre nós mesmas, assim como não devemos tentar fazer tudo sozinhas. Peça para Deus ajudá-la a cumprir todas as suas obrigações. Levar os filhos aos lugares, cumprir prazos, comparecer a apresentações de balé e eventos escolares — sim, o Senhor pode mantê-la sã e sorridente em meio a tudo isso. Lembre-se: nós podemos tudo naquele que nos fortalece. Independentemente do que possa acontecer, nós temos essa promessa.

BEIJOS DO CÉU

Tudo posso naquele que me fortalece.
Filipenses 4.13

DO SEU CORAÇÃO PARA O CÉU

Senhor, obrigada pelos meus filhos. Obrigada pelo meu emprego. E obrigada por me ajudar a desempenhar cada uma das minhas funções com excelência. Preciso da tua ajuda para dar conta de tudo e te peço essa ajuda agora. Eu te amo, Senhor! Amém.

Capítulo 3

NOITE DO CASAL — OBA!

Lembra-se das noites do casal?

Eu me casei com meu namorado de escola, Jeff. Portanto, quase não me lembro de como era a vida antes dele. No entanto, durante muitos anos, quando nossas filhas eram pequenas, nós, certamente, não nos sentíamos como namorados. Éramos mais como duas pessoas que moravam na mesma casa e que, de vez em quando, nos jogávamos juntos, na mesma cama — e, às vezes, com duas crianças e um cachorro no meio.

Isso soa familiar?

Felizmente, eu participava de um estudo bíblico para jovens casais e mães de primeira viagem durante essa fase da minha vida e aprendia coisas importantíssimas a cada semana. Uma dessas coisas foi a seguinte: nunca deixe de namorar o seu marido. Separe um tempo para ele sem as crianças e mantenha vivo o romance. Lembro-me de estar presente nesses estudos bíblicos, imaginando como eu conseguiria encontrar tempo para namorar o meu marido, quando mal conseguia tempo para fazer qualquer coisa além das tarefas domésticas mais necessárias e as desgastantes obrigações envolvidas na criação dos filhos. A nossa vida havia se tornado tão ocupada com o trabalho e a criação das nossas meninas que perdemos todo o resto de vista. Apenas seguíamos o dia a dia, murmurando um "eu te amo" antes de pegar no sono toda noite.

Porém, eu queria, de todo coração, voltar a namorar o meu marido. Então, conversei com a minha maravilhosa mãe sobre a nossa situação, e ela se ofereceu, de bom grado, para cuidar das meninas uma vez por semana, para que Jeff e eu pudéssemos sair como casal. Às vezes, simplesmente íamos ao cinema, andávamos de mãos dadas e dividíamos uma pipoca. Em outras ocasiões, simplesmente ficávamos em casa, abraçadinhos no sofá, colocando em dia os nossos programas de televisão. Em algumas dessas noites, íamos a uma livraria local tomar café (eu não bebo café; então, obviamente, pedia um chocolate quente), ler revistas e agir como namorados apaixonados. Independentemente do que fazíamos, esperávamos ansiosamente por esse momento juntos toda semana. Acredito de verdade que foi graças a esse esforço para mantermos o romance vivo que, quando as nossas filhas saíram de casa para ir à faculdade, nós conseguimos fazer essa transição — voltando a ser apenas nós dois — de forma muito mais fácil do que a maioria dos casais.

Lembro-me de que, logo depois que nossas filhas foram embora, olhei para ele na mesa do café da manhã e perguntei: "E agora?", um pouco na brincadeira, mas também nervosa em relação a este novo capítulo de nossas vidas. Sem perder tempo, Jeff me lançou um sorriso travesso, respondendo: "Agora, eu tenho você só para mim de novo."

Temos namorado como dois adolescentes desde então, mas tudo porque decidimos, desde o início, reservar um tempo só para nós dois.

Eu a encorajo a fazer isso, mesmo que signifique, simplesmente, colocar as crianças para dormir mais cedo uma noite por semana, para reservar um tempo apenas para você e seu marido. Invista em seu casamento. A recompensa será enorme! Você não precisa gastar muito dinheiro nessas noites a dois. Se estiverem com dificuldades financeiras, vocês podem selecionar um filme na TV a cabo, fazer uma pipoca de micro-ondas e se aconchegar no sofá. Ou, se você puder contar com uma avó, ou tia, de boa vontade, disposta a cuidar de seus filhos de graça, separe uma toalha, escolha suas músicas preferidas, prepare um piquenique e aprecie a beleza de um dia ao ar livre. Jantar e dançar sob as estrelas pode ser exatamente o que vocês precisam para fugir do cotidiano e reacender o romance.

Veja bem, se você e seu marido cuidarem do relacionamento, terão um lar mais feliz, e seus filhos crescerão em um ambiente saudável. Portanto, vá em frente. Planeje uma noite de casal com seu marido e faça disso uma coisa importante. Deixe bilhetinhos de "contagem regressiva" para essas noites na pasta ou no carro dele. Aja como se você tivesse 16 anos novamente — e deixe o romance rolar!

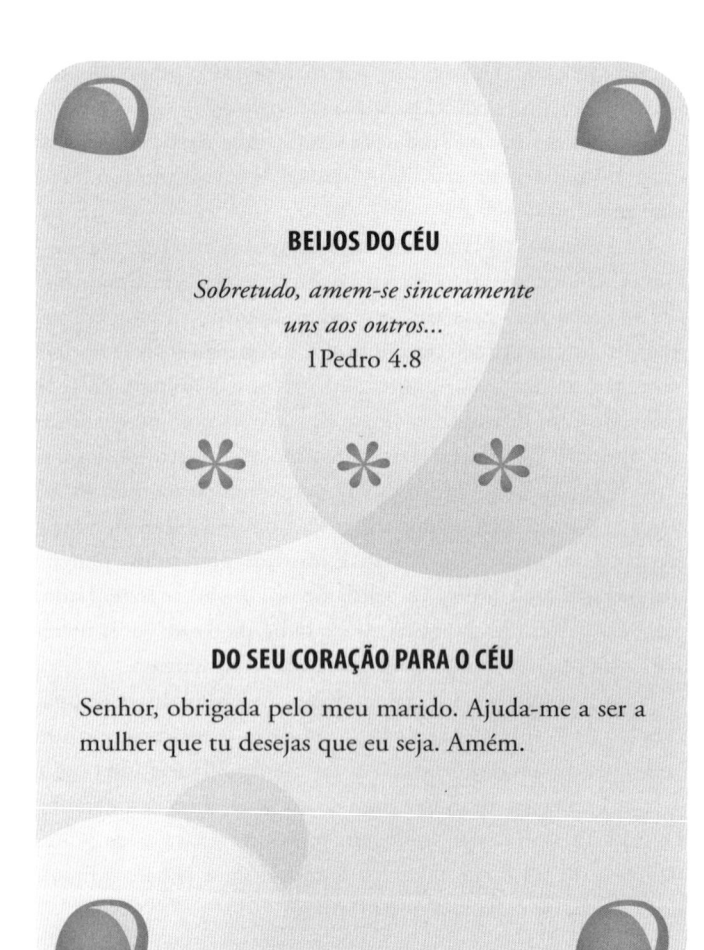

BEIJOS DO CÉU

*Sobretudo, amem-se sinceramente
uns aos outros...*
1 Pedro 4.8

DO SEU CORAÇÃO PARA O CÉU

Senhor, obrigada pelo meu marido. Ajuda-me a ser a
mulher que tu desejas que eu seja. Amém.

Capítulo 4

PRESENTES DE DEUS

As férias de verão tinham acabado de começar e as minhas filhas estavam muito animadas! Elas já haviam feito vários planos para receber as amigas em festinhas na piscina. Ally já estava planejando a nossa primeira viagem de férias para o zoológico de Fort Worth, a fim de conhecer o famoso Blue Bonnet, o bebê elefante. É claro que eu queria fazer tudo isso, mas, infelizmente, estava trabalhando em um livro com um prazo muito apertado e sabia que não conseguiria dar a minha total atenção a Abby e Ally durante algumas semanas. Enquanto escrevia em meu computador no escritório, Ally assistia a desenhos animados comendo biscoitos de manteiga de amendoim, e Abby coloria seu livrinho novo no chão, ao lado de minha mesa. Depois de digitar a última palavra do capítulo que estava escrevendo, percebi que Abby estava ainda mais perto da minha mesa.

— O que você está desenhando? — perguntei à minha artista de sete anos.

— Estou desenhando a nossa família — ela respondeu, ainda colorindo.

— Posso ver? — perguntei com minha voz divertida.

Abby concordou e me mostrou a sua obra-prima. Nela, estava o pai, jogando um jogo de tabuleiro com ela e Ally. Porém... eu não estava no desenho.

— Que lindo, Ab — elogiei. — Mas, onde estou?

Ela, no mesmo instante, virou a página e respondeu:

— Aqui, mamãe.

Ela havia me desenhado sentada em minha mesa, trabalhando no meu computador, sozinha.

Foi quando me dei conta: "É assim que ela me vê." Eu era uma mãe distante, em uma página diferente da sua vida. Desliguei imediatamente o meu computador, chorei e prometi a Deus e às minhas filhas que colocaria as minhas prioridades em ordem. Felizmente, as meninas tinham apenas cinco e sete anos quando despertei para isso, então não perdi mais esse tempo precioso. Independentemente dos meus prazos de trabalho, passei a me certificar de que dedicaria tempo de qualidade às minhas meninas, todos os dias. Se isso significasse que eu, às vezes, teria de trabalhar até muito mais tarde, depois que todos já estivessem dormindo, não haveria problema. Valeria a pena o sacrifício de perder noites de sono, embora, algumas vezes, eu dependesse de refrigerantes dietéticos, pacotes de M&M e adrenalina em estado bruto.

Agora que minhas filhas estão com vinte e vinte e um anos, e Jeff e eu estamos com o ninho vazio, daria tudo por mais um verão com minhas filhas em casa. Seria capaz de qualquer coisa para organizar mais uma festa na piscina. Hoje, sinto falta de botar as meninas dentro do carro e ir ao zoológico de Fort Worth. Esses dias, no entanto, já estão no passado. O tempo passa rápido demais, sobretudo, em relação aos filhos. Em um momento, você escolhe as suas roupinhas para irem ao pré-escolar, e parece que, no momento seguinte, você já está ajudando-os a escolher a faculdade. Portanto, se você for uma mãe distante, situada em uma página diferente na vida de seus filhos, que isso sirva como um alerta. Acorde! O tempo é precioso e você não vai querer perdê-lo.

Você não precisa gastar muito dinheiro para ter tempo de qualidade com seus filhos. Dar uma caminhada no quarteirão ou jogar cartas é totalmente gratuito. Aproveite, então, ao máximo esses momentos durante todos os verões, assim como durante o resto do ano. Nossos filhos não estarão conosco para sempre, e esses momentos são preciosos — verdadeiros presentes de Deus.

BEIJOS DO CÉU

*Ensina-nos a contar os nossos dias para que
o nosso coração alcance sabedoria.*
Salmo 90.12

DO SEU CORAÇÃO PARA O CÉU

Senhor, obrigada pelos meus filhos. Ajuda-me, Senhor, a administrar melhor o meu tempo para que eu possa ter momentos de qualidade com a minha família. E, ajuda-me, Pai, a nunca me esquecer de como eles são preciosos para ti e para mim. Eu te amo. Obrigada por ter confiado a mim filhos tão maravilhosos. No poderoso nome de Jesus, amém.

Capítulo 5

VALE A PENA ESPERAR

Minha irmã Martie e eu fomos criadas em uma família que comprava todos os seus gêneros alimentícios. A mamãe nunca teve uma horta; portanto, quando minha irmã me contou que havia plantado tomate no verão anterior, fiquei bastante impressionada. Por ser uma jardineira iniciante, Martie pesquisou a distância exata que deveria existir entre os pés de tomate, que tipo de adubo usar, como evitar pragas etc. Depois de plantados, ela cuidava dos pezinhos todos os dias, esperando ansiosamente pelos suculentos tomates. No entanto, com o passar dos dias, os frutos não apareceram.

Frustrada, Martie desistiu e foi à feira no sábado de manhã para comprar tomates frescos. (Eu fui também, mas para comprar um bolo de chocolate caseiro em uma das barracas. Como estava gostoso!) Ao pagar, Martie contou ao vendedor sobre a sua situação.

— Não consigo entender — ela começou. — Todos os meus vizinhos que plantaram na mesma época que eu já colheram os seus tomates, mas ainda não colhi nenhum.

O vendedor pensou por um momento e, então, perguntou:

— Bem, que tipo de tomate você plantou?

— Quer dizer que há diferentes tipos? — perguntou Martie, visivelmente surpresa.

Ele assentiu e começou a listar uma variedade de tomates.

— Acho que era tomate caqui... — lembrou minha irmã.

— Bem, então esse é o problema — explicou o vendedor, com ares de especialista. — O tomate caqui demora cerca de noventa dias para dar frutos, enquanto que tomates comuns produzem fruto em setenta dias. Você só precisa esperar um pouco mais pelo tomate caqui, mas ele é o meu preferido.

Com essa nova informação, Martie voltou para casa com uma empolgação renovada pelos seus futuros tomates, sabendo que a espera valeria a pena.

Ao refletir sobre essa experiência da minha irmã, tive de rir. Ela, simplesmente, não sabia que aquele tipo de tomate demorava mais para crescer — e nem eu. No entanto, depois de descobrir isso, ela não ficou mais desanimada e chateada pela sua falta de tomates. Ao contrário: Martie ficou alegre e animada para vê-los dar frutos algumas semanas mais tarde.

Isso me faz imaginar quantas de nós temos sonhos que são como aqueles tomates, colocados pelo Deus Todo-Poderoso em nosso coração. Sonhos que não nos damos conta de que são apenas de uma espécie diferente, como o "tomate caqui" e, então, nos sentimos desanimadas e desgastadas durante o processo de espera. Sabe, quando nos tornamos mães, parece que, muitas vezes, colocamos os nossos outros sonhos em espera. Talvez você sempre tenha sentido vontade de abrir seu próprio negócio, escrever um livro ou fazer um mestrado, mas nunca pensou que isso fosse possível, já que você é mãe. Bem, se Deus colocou em seu coração o desejo de fazer essas coisas, então ele já a capacitou e concretizará esses sonhos no seu tempo perfeito. Escrevi todos os meus mais de setenta livros depois de me tornar mãe! Acontece que não precisei escolher entre um sonho ou outro — eu podia, muito bem, ser mãe e escritora!

Portanto, em vez de achar que deve desistir de seus outros sonhos só porque é mãe, por que você não se anima? Pois se você ainda está esperando pela realização de seus sonhos, então, provavelmente, eles são do tipo "tomate caqui", o que simplesmente significa que levarão um pouco mais de tempo para se cumprir do que os outros sonhos. Eles demoram mais para dar fruto, com certeza. Contudo, quando Deus os realizar, serão melhores do que você jamais imaginou, e a espera terá valido muito a pena! Então, da próxima vez que o diabo tentar desanimá-la, dizendo que os seus sonhos nunca se concretizarão, diga em voz alta: "Os meus sonhos se realizarão no tempo perfeito de Deus. Eles são como o tomate caqui e a espera vale a pena!" E isso, minhas amigas, é muito melhor do que bolo caseiro de chocolate!

BEIJOS DO CÉU

Espere no SENHOR. Seja forte! Coragem!
Espere no SENHOR.
Salmo 27.14

DO SEU CORAÇÃO PARA O CÉU

Senhor, obrigada pelos meus sonhos "tomate caqui".
Ajuda-me a ser paciente durante esse período de espera e ajuda-me a fixar meus olhos em ti. No poderoso
nome de Jesus, amém.

EU TE AMO MAIS DO
QUE MIL M&MS...

AMANDO SEUS FILHOS
INCONDICIONALMENTE

MINHA AMIGA HEATHER SOWDERS NEW

Conheci Heather há mais de quatro anos, quando minha filha mais nova, Ally, começou a namorar seu filho mais velho, Wesley. Ally não se apaixonou somente por aquele rapaz, mas também por sua doce família. Elas são as pessoas mais bondosas, engraçadas, amorosas e humildes que já conheci, e têm sido absolutamente maravilhosas com a minha filha.

Além disso, diferentemente de mim, a mãe de Wesley sabe cozinhar! Na verdade, ela vem de uma longa linhagem de talentosos cozinheiros. Portanto, fiquei muito feliz quando ela concordou em dividir uma de suas receitas de chocolate preferidas conosco.

— Por mais pouco convencional que isso seja, quando criança, eu morava com a minha avó, a mãe do meu pai — contou Heather. — Nunca tivemos muito dinheiro, mas sempre tivemos muito amor em nossa família, e nossas barrigas estavam sempre cheias com as comidas maravilhosas da vovó.

Segundo ela, como o dinheiro era apertado, todo Natal sua vovó passava o dia inteiro fazendo *fudges* de chocolate para dar a seus sobrinhos e amigos da igreja. — Nunca passei um Natal sem aqueles deliciosos *fudges* — lembrava Heather.

Que memória e tradição familiar linda! Caso você queira dar início à mesma tradição do "*fudge* de família" com os seus parentes, aqui vai a receita.

FUDGE DA VOVÓ

200 gramas de cobertura de marshmallow
⅔ de xícara de creme de leite
¼ de xícara de manteiga sem sal
1 ½ de xícara de açúcar refinado
¼ de colher (sopa) de sal
2 xícaras de chocolate ao leite picado
1 xícara de chocolate meio amargo picado
1 colher (chá) de essência de baunilha
½ xícara de nozes
Açúcar de confeiteiro e cacau em pó para decorar

Forre uma assadeira quadrada ou retangular de 20 centímetros com papel alumínio. Reserve. Em uma panela grande, misture a cobertura de marshmallow com o creme de leite, a manteiga, o açúcar e o sal. Aqueça em fogo médio até ferver e cozinhe por mais 5 minutos, mexendo sem parar. Retire do fogo e adicione o chocolate picado. Mexa até derreter e a mistura ficar homogênea. Misture, então, a essência de baunilha e as nozes. Despeje na assadeira e deixe na geladeira até firmar (cerca de 2 horas). Para finalizar, corte em pedaços uniformes e polvilhe com o açúcar de confeiteiro e o cacau. Rende aproximadamente 45 pedaços pequenos.

Capítulo 6

O CAPÍTULO "VIVENDO O AMOR"

Quando era adolescente, eu me arrastava até a cozinha, para tomar um rápido café da manhã antes de ir para a escola, e via meu pai sentado à mesa da sala de jantar, de óculos, lendo a Bíblia. Papai sempre começava o dia com café, um pacote de Donuts com cobertura de chocolate e a Palavra de Deus.

Anos mais tarde, depois de ser verbalmente atacada e humilhada por outra mãe na escola de minhas filhas, fui à casa dos meus pais para receber consolo e me recompor antes de seguir para o trabalho. Quando passei pela sala de jantar, lá estava meu pai, naquele lugar tão familiar.

Completamente frustrada, sentei-me ao lado dele e suspirei, enquanto *roubava* um dos seus Donuts de chocolate.

— Pai, como você consegue ser sempre tão legal com as pessoas, mesmo quando elas não o são com você?

— O que aconteceu? — ele perguntou.

— Uma mulher horrível me ameaçou só porque coloquei a filha dela no segundo ato da peça da escola — expliquei. — Que diferença faz? É apenas uma peça escolar! Francamente!

— Afinal, você mudou a filha dela? — ele perguntou.

— É claro que não! Não serei coagida a mudar a filha dela para o primeiro ato! Se ela acha que pode fazer melhor do que eu, então deveria ter se voluntariado para dirigir a peça, em vez de ficar reclamando sobre todas as decisões que tomo.

Eu estava prestes a continuar com minhas reclamações, quando papai me lançou aquele olhar que eu já havia visto um milhão de vezes desde a infância.

— Você acha que eu deveria mudar a filha dela para o primeiro ato, não é?

Então, ele disse algo que jamais esquecerei.

— Querida, eu aprendi que, quando erramos ao agir por amor, nunca nos arrependemos. Deixe-me mostrar uma coisa...

Com isso, papai virou as páginas de sua Bíblia para chegar ao texto de 1Coríntios 13, conhecido como "o Capítulo do amor", e leu em voz alta. Pude sentir as lágrimas de convicção escorrendo pelo meu rosto.

— Leio este capítulo todas as manhãs — ele disse, olhando-me por cima dos seus óculos de leitura. — Tenho feito isso há muitos anos. Esse hábito mudou a minha vida.

Eu sabia que era verdade, pois havia visto meu pai agir de maneira amorosa em situações nas quais as outras pessoas não haviam feito o mesmo. E também sabia que precisava de mais amor em minha vida. Tive a consciência de que precisava ser um exemplo melhor de amor para as minhas filhas. Eu queria impactar a vida delas com o amor de Jesus da mesma forma que meu pai havia marcado a minha.

Comecei, naquele mesmo dia, a ler o "Capítulo do amor" como parte do meu devocional com Deus. É claro que, provavelmente, deixei de fazer isso um ou dois dias, mas já o li tantas vezes que até o decorei. Quando enfrento uma mãe nervosa, uma vendedora grosseira ou um parente irritado, simplesmente recito os versículos de 4 a 8, até conseguir voltar a viver em amor — assim como meu pai e o meu Pai Celeste.

Caso você não tenha tempo para procurar essa passagem agora, eu a apresento aqui mesmo, para que você possa começar a lê-la hoje:

O amor é paciente, o amor é bondoso. Não inveja, não se vangloria, não se orgulha. Não maltrata, não procura seus interesses, não se ira facilmente, não guarda rancor. O amor não se alegra com a injustiça, mas se alegra com a verdade. Tudo sofre, tudo crê, tudo espera, tudo suporta. O amor nunca perece.

Vale a pena escutar e refletir nas palavras de meu pai: "É sempre melhor errar por agir em amor." Vamos começar a viver o capítulo do amor em nossa vida diária — e vamos começar a fazer isso hoje!

BEIJOS DO CÉU

Amados, amemos uns aos outros, pois o amor procede de Deus. Aquele que ama é nascido de Deus e conhece a Deus.
1João 4.7

DO SEU CORAÇÃO PARA O CÉU

Pai, obrigada por me amar incondicionalmente. Por favor, enche-me com o teu amor para que eu possa caminhar em amor todos os dias — independentemente das circunstâncias — e impactar a vida dos meus filhos com o teu amor. No poderoso nome de Jesus, amém.

Capítulo 7

VOCÊ PODE ME NINAR?

— **Vinte menos nove** — cochichou Abby, batendo o lápis na mesa da cozinha.

— Onze — respondi, enquanto guardava a louça do jantar.

— Mãe! — reclamou Abby. — Não ajude, eu consigo fazer sozinha!

— Desculpa — sussurrei.

Eu estava me acostumando com essa reação. Aos sete anos, a expressão preferida de Abby era: "Eu consigo fazer sozinha. Não sou um neném!" Por mais que me magoasse um pouco ouvir essas palavras, era verdade. Ela se vestia sozinha. Gostava de fazer seus próprios penteados; preparava suas refeições quando não tinha de usar o forno. Além disso, Abby ganhava o próprio dinheiro, fazendo tarefas, e separava a sua roupa suja. Ela era uma menininha bastante independente.

Mais tarde, naquela noite, enquanto o meu marido Jeff, Allyson e os dois cachorros dormiam, Abby e eu treinamos ortografia e tomamos chocolate quente (nosso lanchinho preferido para a hora de dormir) na sala de estar. Eu estava relaxada na poltrona assistindo à televisão, enquanto Abby terminava de escrever as palavras, três vezes cada uma. Ela escreveu a última palavra assim que acabou de passar *The Brady Bunch* e a TV começou a exibir *I Love Lucy*.

— Hora de dormir — eu disse. — Vá escovar os dentes.

— Está bem — ela respondeu. — Já separei a minha roupa para amanhã, mas preciso que você passe a minha blusa.

Alguns minutos depois, Abby foi me dar um beijo de boa noite. Depois de dar um beijinho na minha bochecha, ela saiu, caminhando até metade do corredor e depois voltou.

— O que foi, querida? — perguntei, notando a sua carinha preocupada.

— Nada.

— Vou passar a sua blusa daqui a pouco — eu assegurei, imaginando que fosse esse o problema.

— Não é isso — respondeu Abby.

— O que é então? — perguntei.

— Nada.

— Então é melhor você ir para a cama. Vou encontrá-la em um minuto para orarmos juntas.

Abby me deu um abraço, olhou para mim com seus grandes olhos verdes e perguntou baixinho:

— Mamãe, você pode me ninar?

Por isso ela estava agindo de maneira tão estranha. Era difícil para a minha menininha *adulta* admitir que queria que a sua mamãe a ninasse. Tenho certeza de que, na cabeça dela, meninas crescidas não precisavam ser ninadas. Ainda assim, ela encontrou coragem para pedir. E aquele pedido me emocionou.

Abby adormeceu nos meus braços e eu me agarrei a ela, desejando que aquele momento durasse para sempre. Ao observá-la dormindo, pensei sobre o quanto o Pai nos ama.

Depois que somos cristãs há algum tempo, temos a tendência de nos tornar muito independentes e autossuficientes. Assim como Abby, desejo fazer as coisas sozinha, e Deus permite a minha independência — mesmo que isso signifique me deixar calcular quanto é "vinte menos nove" e errar a resposta algumas vezes. Ele me ama o suficiente para permitir que eu tente fazer as coisas por mim mesma.

No entanto, ele ama quando engolimos o nosso orgulho, nos aconchegamos em seu colo e sussurramos: "Pai, pode me ninar?" Você não acha que ele fica tão feliz quanto fiquei quando Abby me fez essa pergunta?

Deus é nosso Pai e ele gosta de amar os seus filhos. A Bíblia diz que podemos nos aproximar do seu trono com toda confiança. Você sabe por quê? Porque ele é o nosso Pai — e que tipo de pai negaria o acesso de seus filhos a ele? O Senhor deseja estar conosco, cuidando de nós e nos amando. Ele deu o seu Filho Jesus para morrer na cruz para que pudéssemos passar a eternidade em comunhão com ele.

Isso, sim, é amor.

Então, por que não aproveitar dos seus direitos como filha da aliança com Deus? Vá em frente. Encolha-se no colo do seu Pai celestial hoje e deixe que ele a ame um pouco. Ele tem uma poltrona na sala do trono e o seu colo está sempre disponível para você.

BEIJOS DO CÉU

Porque Deus tanto amou o mundo que deu o seu Filho Unigênito, para que todo o que nele crer não pereça, mas tenha a vida eterna.

João 3.16

DO SEU CORAÇÃO PARA O CÉU

Pai, obrigada por me amar mesmo quando ajo como se fosse muito adulta. No poderoso nome de Jesus, amém.

Capítulo 8

EU TE AMO MAIS

"Eu te amo mais do que um milhão de M&Ms vermelhos."

Essa é uma das minhas falas preferidas do filme *Tudo que uma garota quer*, estrelado por Amanda Bynes como Daphne Reynolds e Kelly Preston no papel de sua mãe, Libby Reynolds. *Tudo que uma garota quer* era um dos filmes que minhas filhas assistiam na infância — e, durante anos, nós, provavelmente, o assistimos uma vez por semana! Acredite em mim, sei de cor todas as falas desse filme. Na semana passada, eu estava assistindo à televisão antes de dormir e ele estava passando! Eu não o assistia havia tantos anos... Era como se um velho amigo tivesse passado pela minha televisão para me cumprimentar. Não apenas assisti ao filme como, também, gravei para poder ver de novo depois.

Em uma das primeiras cenas, Daphne está triste porque o pai que ela nunca conheceu, exceto por meio de fotos e das histórias contadas pela mãe, não está presente em mais um aniversário. Percebendo que a filha está triste em um dia em que todos devem estar felizes, Libby diz:

— Eu te amo mais do que um milhão de bombons.

Sem hesitar, Daphne responde:

— Pois eu te amo mais do que um milhão de M&M vermelhos.

Isso não derrete o seu coração? Além de retratar um lindo momento entre mãe e filha, ainda envolve chocolate! Esse doce diálogo inspirou Abby, Ally e eu a adotar o seguinte bordão: "Eu te amo mais do que...", que usamos ao longo de anos a fio.

Aqui estão os cinco melhores:

1. Eu te amo mais do que uma fatia de bolo gigante.
2. Eu te amo mais do que o travesseiro mais macio.
3. Eu te amo mais do que as batatas fritas do McDonald's.
4. Eu te amo mais do que fazer compras no shopping.
5. Eu te amo mais do que milk-shake de chocolate.

Essa é uma brincadeira muito divertida durante viagens de carro, e especialmente eficaz para interromper briguinhas bobas no banco de trás, assim como reclamações de uma irmã quando a outra se encostava nela. Isso sempre funcionou conosco. Além disso, é uma ótima maneira de dizer "Eu te amo" de um jeito menos piegas e mais atrativo para as crianças. Portanto, se seus filhos estão passando pela fase em que praticamente tudo é motivo de vergonha — especialmente as demonstrações de carinho dos pais —, dizer "Eu te amo mais do que uma barra de chocolate gigante" é menos assustador para eles.

Acima de qualquer coisa, inventar novas formas de dizer "Eu te amo" é uma ótima maneira para incentivar relacionamentos afetuosos em sua família. Talvez você tenha crescido em um lar onde tais palavras não eram ditas regularmente ou, talvez, nunca. Se esse for o caso, dizê-las talvez não seja tão fácil para você, ainda que demonstre o seu amor por meio de tudo o que faz pela sua família. Ainda assim, as crianças precisam ouvir que são amadas.

Recentemente, li um artigo sobre esse assunto em um site chamado *The Mother Company* (A companhia da mãe). No texto, a doutora Christine Carter, socióloga e especialista em felicidade do Centro de Ciência do Bem Maior da Universidade de Berkeley, nos Estados Unidos, afirma que é muito importante que as crianças ouçam que são amadas.

— Obviamente, amor e carinho são as coisas mais importantes para os nossos filhos — ela explica. — Há muitas pesquisas que mostram que essas duas coisas afetam os seus resultados, o seu bem-estar emocional e o seu desempenho acadêmico. As palavras são importantes; a expressão dos nossos sentimentos amplia as nossas atitudes de amor.

Encontre, portanto, novas maneiras de dizer que ama seus filhos hoje. Em seguida, peça que cada filho encontre uma nova forma de expressar amor ao nosso Pai celestial. Não existe nada como um dia de amor.

BEIJOS DO CÉU

Eu a amei com amor eterno.
Jeremias 31.3

DO SEU CORAÇÃO PARA O CÉU

Senhor, obrigada por me amar incondicionalmente. Ajuda-me a expressar o meu amor pelos meus filhos para que eles saibam o quanto são estimados e valorizados. Ajuda-me a amar a minha família da mesma forma que tu me amas. Eu te amo, Deus, e sou muito grata por quem tu és e por tudo o que fizeste em minha vida. No poderoso nome de Jesus, amém.

Capítulo 9

DEBAIXO DE SUA PROTEÇÃO

— **Mamãe, depressa!** — Abby, então com sete anos de idade, gritava com toda a força de seus pulmões, da entrada da garagem. — É um filhote de passarinho!

De fato, ali estava, no meio da entrada da nossa garagem, um filhote de pombo, gordinho e fofo. Ele já tinha todas as penas, mas mesmo assim não conseguia voar. Ele tinha, obviamente, caído de algum ninho instalado na grande árvore de carvalho que havia ali. Eu não sabia o que fazer; então, liguei para a sede de animais selvagens do Texas.

Depois de explicar a nossa situação, o simpático rapaz do outro lado da linha me explicou exatamente o que deveríamos fazer para salvar o nosso novo amigo de penas.

— Então, preciso fazer um ninho improvisado dentro de uma cesta e pendurá-la perto da árvore? — repeti. — Tudo bem, eu farei isso. Obrigada pela ajuda.

Desliguei o telefone e corri para a entrada de casa, a fim de ver como o filhote estava antes de ir até a garagem para preparar um ninho improvisado. Foi então que testemunhei uma das cenas mais lindas que já vi: a mamãe pomba aninhando o seu filhotinho bem na entrada da nossa garagem. Ela estava protegendo o seu bebê a qualquer custo. Enquanto observava aquela ave sendo tão carinhosa com seu filhote, abrindo suas asas em volta dele para protegê-lo, pensei: "Todas as mães são iguais. Nós arriscamos nossa vida pelo bem dos nossos filhos, e fazemos isso a qualquer custo. Dedicamos nossa vida para protegê-los de todo mal e cuidar deles, criando-os até serem fortes o suficiente para voarem."

Naquele momento, entendi por que Deus escolheu essa mesma imagem para descrever o seu amor por nós: "Ele o cobrirá com as suas penas, e sob as suas asas você encontrará refúgio" (Salmo 91.4). Deus ama a nós e a nossos filhos mais do que somos capazes de compreender. Ele se importa com cada um de nós. Quando caímos de nossos ninhos, lá está o Pai, pairando sobre nós, protegendo-nos e expressando seu amor até que estejamos fora de perigo. Ele é assim, e eu sou tão grata por isso... E você?

Eu usei o filhote caído como uma oportunidade para ensinar às minhas meninas uma lição. Mostrei a elas como a mamãe pomba ficou com seu filhote, protegendo-o a qualquer custo.

— A mamãe e o filhotinho de pombo são como nós — falei. — Eu protegeria vocês a qualquer custo. Eu as amo mais do que possam imaginar, e quero o melhor para vocês. — Abby abraçou as minhas pernas, enquanto Ally, então com cinco anos, continuou comendo seus M&M.

— E sabe o que mais? — continuei. — Deus ama vocês duas ainda mais do que eu, e isso é muita coisa. Ele sempre estará presente para cuidar de vocês e protegê-las, mesmo quando a mamãe não puder fazer isso.

Abby me abraçou ainda mais apertado e Ally colocou mais um M&M na boca.

— Agora vamos fazer um ninho para o filhotinho — eu disse, muito feliz pelo momento doce que havíamos acabado de compartilhar.

Abby se dirigiu até a garagem, mas Ally foi até o filhote de pombo.

— Aonde você vai, Ally?

— Vou dividir os meus M&M com o passarinho — respondeu, com muita naturalidade. — Você disse que somos iguais aos passarinhos, e eu gosto de M&M.

O episódio me fez perceber que precisaria ensinar outra lição em um futuro próximo...

BEIJOS DO CÉU

Observem as aves do céu: não semeiam nem colhem nem armazenam em celeiros; contudo, o Pai celestial as alimenta. Não têm vocês muito mais valor do que elas?
Mateus 6.26

DO SEU CORAÇÃO PARA O CÉU

Pai, obrigada, pois eu posso contar sempre com o Senhor para me proteger e amar, independentemente de qualquer coisa. Oro para que tu me ajudes a cuidar dos meus passarinhos do mesmo jeito como cuidas de mim. No poderoso nome de Jesus, amém.

Capítulo 10

O QUE IMPORTA É O INTERIOR...

Sempre brinquei dizendo que nunca experimentei um pedaço de chocolate que não tenha gostado. Porém, devo reconhecer: isso não é verdade. Quando me mudei para o Texas, eu estava em uma loja em Fort Worth Stockyards, e um caubói que trabalhava lá me ofereceu uma amostra.

— Nunca recuso chocolate — eu disse, sorrindo. — Que chocolate é esse?

— Essa é uma das nossas famosas trufas — ele respondeu, com seu forte sotaque do sul. — Você não é daqui, é?

— Não, nasci em Indiana. Acabamos de nos mudar para cá — expliquei. — Eu adoro trufas.

Assim que dei a primeira mordida, ele acrescentou:

— Mas aposto que você nunca provou uma trufa de pimenta...

Ele estava certo.

Eu nunca havia provado nada parecido!

Aquele foi o pedaço de chocolate mais picante que eu já havia experimentado. Mas consegui, de alguma maneira, engolir, e disse:

— Moço, chocolate deve ser doce, e não picante!

Sem hesitar, ele respondeu:

— Bem, você está no Texas agora. Nós gostamos de tudo picante.

Nem preciso dizer que não comprei nenhuma de suas famosas trufas apimentadas. Em vez disso, corri até o lugar mais próximo onde pudesse comprar uma Coca-Cola zero para tirar aquele gosto horrível da boca.

Essa experiência foi boa para me fazer perceber que não é porque aquela trufa se parecia com qualquer outra que eu já havia comido que o seu sabor seria o mesmo. É o que está no seu interior que a torna doce — ou, naquele caso, picante. O mesmo acontece conosco. Todos nós podemos parecer iguais por fora, mas é o que existe em nosso interior que realmente importa. É por isso que a Palavra diz que o homem vê a aparência, mas Deus vê o coração. E, uma vez que devemos ser como Jesus, devemos nos esforçar para fazer o mesmo em relação àqueles a quem amamos — especialmente os nossos filhos. Embora, às vezes, seja difícil, precisamos ignorar aquilo que está exposto e nos concentrar no cerne da questão.

Descobri que essa mudança de mentalidade faz toda a diferença.

Por exemplo, Abby, quando estava com nove anos, começou a voltar da escola muito mal-humorada. Isso durou várias semanas; ela brigava com a irmã e reclamava sem parar. Minha filha não era assim — portanto, eu sabia que estava acontecendo alguma coisa. Depois de sondar e orar por discernimento, descobri que Abby estava tendo dificuldade para ler e, assim, ia ficando para trás em sua turma. Isso fez com que a minha filha, de personalidade extrovertida, ficasse envergonhada e muito estressada. Após alguns exames médicos, descobrimos que Abby sofria de fotofobia, distúrbio visual que prejudicava a sua leitura, mas era de fácil tratamento. Ao colocar uma tela protetora por cima de seus livros e lições durante as leituras, tudo voltou ao normal.

No entanto, o que poderia ter acontecido se eu não tivesse procurado por um problema mais profundo? E se eu tivesse me concentrado apenas em seu mau comportamento, castigando-a, sem procurar pelo cerne da questão? Não teríamos descoberto o verdadeiro problema, o que poderia ter afetado negativamente o resto dos seus anos escolares.

Portanto, eis o que peço que você faça esta semana: quando um de seus filhos tiver um momento "malcriado", antes de agir como a típica mãe disciplinadora, tire um tempo para analisar o possível cerne da questão. O que pode estar acontecendo no interior do seu filho para causar tal comportamento? Às vezes, o seu anjinho está simplesmente cansado, com fome ou se sentindo mal. Todas essas condições físicas podem provocar aborrecimento e malcriações. Outras vezes, porém, pode ser algo bem mais profundo — e nós, frequentemente, disciplinamos nossos filhos por suas malcriações, sem investigar as questões mais profundas dentro de seu coraçãozinho.

Eu sou a favor de disciplinar, estabelecer limites e criar filhos comportados. Mas, também, entendo que devemos defender nossos filhos. Como mães, isso é o que fazemos melhor.

BEIJOS DO CÉU

A vara da correção dá sabedoria, mas a criança
entregue a si mesma envergonha a sua mãe.
Provérbios 29.15

DO SEU CORAÇÃO PARA O CÉU

Pai, obrigada pelos meus filhos. Ajuda-me a enxergar além dos seus comportamentos malcriados e a me concentrar no cerne das questões e problemas que, muitas vezes, estão por trás deles, para que eu possa tomar as medidas adequadas. Peço a tua orientação e o teu discernimento, Senhor. No poderoso nome de Jesus, amém.

DEIXAR IR, ENTREGAR A DEUS, COMPRAR CHOCOLATES...

APRENDENDO A ENTREGAR SEUS FILHOS A DEUS

A MINHA SOGRA MARTHA DAVIS

Minha sogra, também conhecida como vovó, quase sempre nos visita trazendo uma guloseima especial. Essas delícias incluem pudim de caqui, cookies com gotas de chocolate e brownies. Definitivamente, nunca ficamos com fome quando estamos com a vovó. Aos 81 anos, dona Martha ainda trabalha em período integral e, frequentemente, agracia seus colegas de trabalho com suas delícias.

Embora tudo o que ela prepara seja maravilhoso, o preferido das minhas filhas é o seu brownie. Portanto, foi com essa receita que pedi que a vovó contribuísse com este livro. Com um copo de leite gelado para acompanhar, a receita da vovó Martha é imbatível!

OS BROWNIES DA VOVÓ

¾ de xícara de farinha de trigo
¼ de colher (sopa) de sal
¼ de colher (sopa) de bicarbonato de sódio
⅓ de xícara de manteiga sem sal
2 colheres (sopa) de leite
¾ de xícara de açúcar
2 xícaras de chocolate ao leite picado
2 ovos
1 colher (chá) de essência de baunilha
1 xícara de nozes picadas (opcional)

Misture a farinha, o sal e o bicarbonato de sódio, e reserve. Derreta a manteiga, o leite e o açúcar em fogo médio-baixo, misturando sem parar. Quando a mistura estiver quase fervendo, retire do fogo e acrescente metade do chocolate ao leite picado. Em seguida, despeje a mistura de chocolate em uma tigela. Adicione os ovos, um de cada vez. Depois, adicione a baunilha e, gradualmente, a mistura dos ingredientes secos. Após misturar bem, adicione o restante do chocolate e as nozes. Despeje a massa em uma assadeira untada com manteiga e leve ao forno a 160°C, por 30 a 35 minutos. Rende ± 24 pedaços. Dica da vovó: não deixe assar demais! O palito deve sair úmido e não seco como nos demais bolos. Para finalizar polvilhe açúcar e canela.

Capítulo 11

DEUS AINDA FAZ MILAGRES

Quando estava grávida pela segunda vez, com 11 semanas de gestação, eu estava saindo da Associação Cristã de Moços, depois de dar uma aula de aeróbica de baixo impacto, quando me curvei de dor no estacionamento. Imediatamente, percebi que havia algo errado.

Dirigi direto para o meu obstetra e, lá, entre lágrimas, expliquei o que estava acontecendo. Depois de fazer um exame e esperar muito tempo, o médico disse, sem rodeios:

— Não tenho boas notícias. Você está sofrendo um aborto espontâneo. Quero que vá para casa e repouse, com os pés para o alto. Se até segunda-feira você ainda estiver abortando, vá à emergência.

— É isso? Não há mais nada que você possa fazer? — indaguei, aflita.

— Infelizmente, não — ele respondeu, me dando um tapinha nas costas.

Deitada no sofá com os pés para cima, por ordens médicas, eu não pude deixar de pensar: "Não pode ser. Esse não pode ser o fim da história."

— Mana! — Martie, a minha irmã mais velha, disse ao entrar em minha casa. — A mamãe acabou de me contar.

Martie me ouviu falar sobre o terrível diagnóstico e, depois, disse:

— Levante-se e se arrume. Você vai à igreja com a gente.

— Eu não acabei de contar o que o médico me mandou fazer?

— Sim, eu ouvi — ela respondeu. — Mas sei que você e Jeff precisam ir para ouvir este evangelista que vai lá hoje à noite.

Sabendo que a minha irmã não aceitaria um "não" como resposta, eu, Jeff, meus pais, minha irmã e o marido dela fomos a um culto de avivamento assistir à pregação de um evangelista de quem eu nunca tinha ouvido falar, em um lugar onde eu nunca tinha ido antes.

Ao chegar lá, bem que tentei ouvir o que ele estava pregando, mas só conseguia pensar no meu bebê. Olhei para a minha barriga, que ainda não estava aparecendo, e me perguntei se aquele aborto teria sido culpa minha, por dar uma aula de aeróbica. Nesse momento, o evangelista parou a mensagem, ficou em silêncio e, então, disse:

— Alguém que está aqui ouviu do médico hoje que está sofrendo um aborto espontâneo, e estou aqui para dizer que essa é uma mentira do inferno. Venha até aqui que vou orar por você.

Congelei. Não conseguia me mover, imaginando se ele estaria falando de mim ou se seria possível que outra mulher tivesse recebido o mesmo diagnóstico naquele dia. Imediatamente, uma mulher do outro lado levantou e ele disse:

— Senhora, você não é a pessoa que Deus me mostrou, mas eu vou orar por você...

Antes que eu pudesse pensar em mais alguma coisa, o evangelista caminhou até o final do corredor, tomou minha mão e me levou lá para frente. Meus olhos se encheram de lágrimas. O evangelista apontou para a minha barriga e disse:

— Declaro hoje que a sua filha vai viver, e não morrer, a fim de declarar as obras do Senhor! Você não terá mais nenhum problema durante essa gravidez!

Assim que ele falou essas palavras, senti um calor intenso fluir pelo meu corpo inteiro. Foi algo tão avassalador que caí ao chão — na verdade, tombei em cima do evangelista, conforme me contaram depois. Não me lembro dos trinta minutos seguintes, mas lembro de estar deitada no chão, com a certeza de que Deus havia restaurado a minha gravidez e sabendo que eu teria uma menina que seria usada pelo Senhor.

A consulta médica da segunda-feira seguinte apenas confirmou aquilo que eu já sabia — a existência de um forte batimento cardíaco, sinal de vida do meu bebê. Allyson Michelle Adams nasceu no dia 15 de agosto de 1994. Neste ano, ela completou vinte e dois anos, e lembrei a ela que Deus usou o seu próprio nascimento para levar a sua família a uma fé mais profunda. E disse que o Senhor tem um grande chamado para a vida dela. Ela é o meu milagre! Portanto, mamãe, se você está esperando por um milagre do Senhor hoje, não desanime! Nós servimos a um Deus que dá solução àquilo que não tem mais jeito. Sim, ele ainda faz milagres — basta ver Ally para se ter certeza disso.

BEIJOS DO CÉU

*Tu és o Deus que realiza milagres; mostras
o teu poder entre os povos.*
Salmo 77.14

DO SEU CORAÇÃO PARA O CÉU

Senhor, ajuda-me a crer. Obrigada, Senhor, por fazer
o impossível em minha vida. No poderoso nome de
Jesus, amém.

Capítulo 12

A ORAÇÃO FUNCIONA!

Normalmente, começo o meu dia com oração. Porém, naquela manhã, eu estava atrasada para o estudo bíblico da minha irmã. Então, pulei minha oração, peguei uma barrinha de chocolate e uma Coca-Cola zero e corri porta afora. Quando estava saindo da minha garagem, senti uma grande urgência de orar pelas minhas filhas. Com a diferença de três horas entre Indiana e a Califórnia, eu sabia que Ally ainda nem havia acordado e Abby já estava a caminho do Kentucky para ver seu namorado jogar em um torneio de beisebol da faculdade. Orei o Salmo 91 sobre a vida de minhas filhas e agradeci a Deus pela proteção dos seus anjos sobre elas. Continuei a orar e louvar a Deus pelas minhas preciosas filhas até sentir a sua paz se derramar sobre mim. Logo depois, cheguei ao estudo bíblico, apenas alguns minutos atrasada.

Quase em seguida, meu celular vibrou. Eu estava prestes a desligá-lo, mas quando vi que era uma ligação de Abby, pedi licença e saí para atender.

— Mãe — ela disse soluçando.

— O que aconteceu?

— Eu quase sofri um acidente...

Depois de ouvir aquelas palavras, o meu coração acelerou tanto que pensei que ele fosse sair do peito. Abby me contou o que havia acontecido. Um veículo perdera o controle na pista de sentido contrário e atravessou em direção ao seu carro, que precisou desviar para a pista da direita para evitar uma batida. O seu carro e mais três saíram da estrada, e o de Abby rodou completamente na pista.

— Mãe, não sei como aquele carro não bateu em mim. Eu o vi vindo em minha direção — ela disse.

Eu sabia.

— No momento exato em que isso aconteceu, Ab, Deus mandou que eu orasse por você — contei. — Orei o Salmo 91 sobre a sua vida e agradeci a Deus por colocar os seus anjos para protegê-la nesta manhã!

Nós duas choramos e agradecemos ao Senhor por aquilo ter sido "quase um acidente" e uma lição tão poderosa para nós. Ela ficou tocada e maravilhada por saber que Deus se importava tanto com ela, a ponto de me incomodar para orar por sua vida no exato momento em que poderia sofrer um terrível acidente. Eu estava, ainda, mais agradecida, pois havia negligenciado o meu momento de oração naquela manhã e Deus me mandou orar mais tarde. Então, reconheci a sua voz e obedeci a ela.

Abby e eu pensamos muito sobre isso durante os dias seguintes. Nós duas sabíamos que aquele livramento havia sido uma intervenção divina, e isso aumentou a nossa fé.

Aqueles que não são cristãos podem classificar o que aconteceu como "intuição de mãe", mas sabemos que não foi isso. Foi Deus que me fez orar no exato momento em que aquele motorista louco foi em direção a Abby e foi Deus que tirou milagrosamente o carro do caminho.

Como mães, devemos estar na linha de frente de oração por nossos filhos. De tudo o que fazemos por eles — somos suas motoristas, preparamos suas refeições, lavamos suas roupas e os ajudamos com o dever de casa —, nada é mais importante do que cobri-los com orações. Esse incidente com Abby me fez lembrar de como é importante orar pelas minhas filhas. E espero que o meu testemunho ajude você a fazer o mesmo.

Se você precisar de ajuda sobre como orar pelos seus filhos, há livros sobre o assunto, como *O poder dos pais que oram* e *O poder das orações por seus filhos adultos*, de Stormie Omartian. Além disso, é muito útil manter um diário de oração, onde podemos registrar, quando oramos por nossos filhos, os motivos da intercessão e os resultados obtidos. É muito emocionante reler o meu diário e me alegrar por todas as orações respondidas!

Então, vá em frente. Comece a orar! Não se trata somente de nossa responsabilidade, mas, também, de nosso maior privilégio.

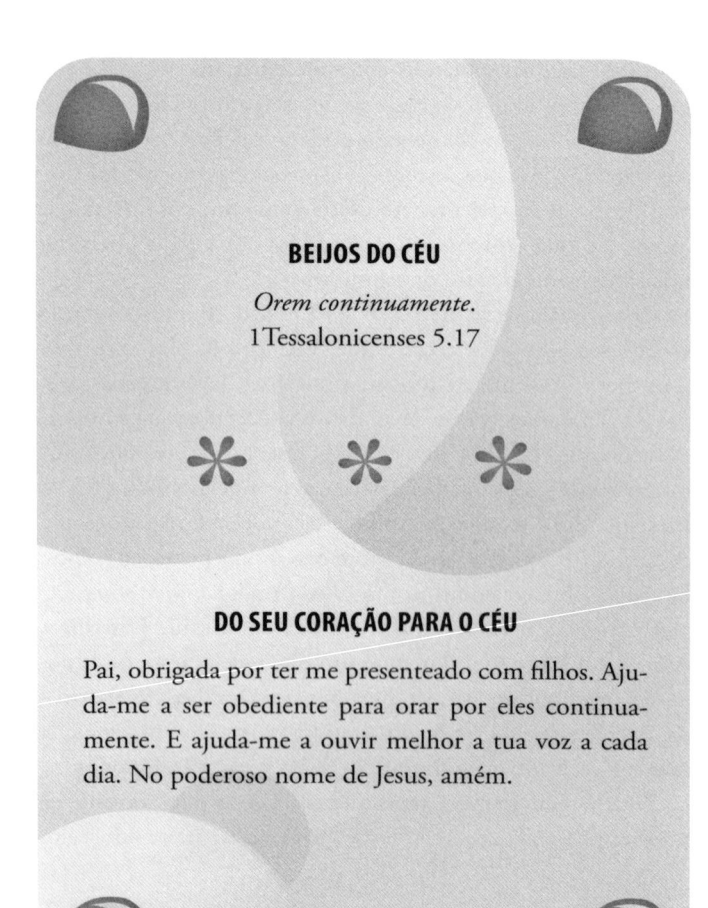

BEIJOS DO CÉU

Orem continuamente.
1 Tessalonicenses 5.17

✳　　✳　　✳

DO SEU CORAÇÃO PARA O CÉU

Pai, obrigada por ter me presenteado com filhos. Aju-da-me a ser obediente para orar por eles continua-mente. E ajuda-me a ouvir melhor a tua voz a cada dia. No poderoso nome de Jesus, amém.

Capítulo 13

VOCÊ CONFIA EM MIM?

Era uma noite escura e chuvosa, quando eu voltava de carro de uma cidade próxima, Abby, que na época tinha três anos de idade, dormia na sua cadeirinha no banco de trás. Por causa do mau tempo, decidi fazer um caminho diferente, pegando uma estrada mais iluminada. Assim que dirigi o nosso carro por aquela direção, Abby acordou.

— Nós estamos perdidas, não é, mamãe? — ela perguntou, esfregando os olhinhos.

— Não, querida. A mamãe só está fazendo um caminho diferente para casa, hoje.

Pude ver a dúvida nos olhos dela quando os faróis de um carro que passava iluminaram o nosso veículo.

Alguns minutos depois, ela disse:

— Acho que esse não é o caminho certo.

— Ab, você confia em mim o suficiente para tentar o *meu* caminho?

Ao dizer essas palavras, um sentimento de convicção tomou conta de mim. O Espírito Santo me fez lembrar de quantas vezes eu havia questionado Deus naquela semana. Eu sabia, em meu coração, que deveria esperar pelo trabalho freelance que o Senhor havia me prometido, mas uma oportunidade jornalística de tempo integral estava me tentando. Eu não tinha certeza se deveria aceitar aquele emprego e esperar que Deus me abençoasse do mesmo jeito, ou se o certo seria aguardar o trabalho freelance que estava demorando tanto para aparecer.

"Talvez Deus tenha mudado de ideia", eu havia pensado no início daquela semana.

Então, naquela noite, eu clamei:

— Deus, o que está acontecendo? O trabalho freelance que achei que tu tinhas para mim parece estar tão distante agora quanto estava seis meses atrás. Realmente, devo deixar passar essa oportunidade de um emprego em tempo integral? Nós estamos precisando de dinheiro. E se eu recusar essa proposta de trabalho e a outra nunca aparecer?

Naquele momento ouvi o meu Pai celestial. A voz não vinha de maneira audível, mas com aquela convicção mansa e delicada que brotava em meu coração:

— Michelle, você confia em mim o suficiente para tentar o *meu* caminho?

Lágrimas escorriam pelo meu rosto, acompanhando as gotas de chuva no para-brisa. E agradeci a Deus por ser tão paciente com a minha fé imatura.

No dia seguinte, recusei a proposta de emprego de tempo integral, que oferecia uma solução imediata para a nossa situação financeira, confiando que Deus cumpriria a sua palavra. E ele cumpriu — justamente, como prometera. Duas semanas depois, aquela oportunidade de trabalho freelance estável era minha e pagava ainda melhor do que eu esperava! E comemorei, é claro, comendo amendoins com cobertura de chocolate e louvando a Deus pela sua fidelidade.

Sabe, nosso Pai celestial sempre faz mais do que poderíamos pedir ou imaginar, se apenas confiarmos nele. Em alguns dias eu sou melhor nisso; em outros, nem tanto. Porém, estou aprendendo que os caminhos de Deus são sempre melhores que os meus (Isaías 55.8). Nós podemos confiar a ele as nossas carreiras, esperanças, finanças e filhos. Descobri que os caminhos do Senhor não são sempre os mais fáceis e, às vezes, eles sequer fazem sentido para mim; porém, a única coisa que ele pede é que o sigamos. Ele não diz que devemos entender tudo para, só depois, segui-lo.

Da mesma maneira que pedi que Abby confiasse em mim, Deus quer que confiemos nele. Você está disposta a confiar no Senhor o suficiente para fazer as coisas da maneira divina? Se abrir mão do controle de sua vida, você descobrirá que o nosso Pai celestial realmente sabe o que é melhor para você.

BEIJOS DO CÉU

*Confie no SENHOR de todo o seu coração e não se
apoie em seu próprio entendimento; reconheça o
SENHOR em todos os seus caminhos,
e ele endireitará as suas veredas.*
Provérbios 3.5-6

DO SEU CORAÇÃO PARA O CÉU

Pai, ajuda-me a confiar mais em ti e a te seguir sem
hesitar. Sei que tu tens o melhor para mim; porém, eu,
muitas vezes, tento resolver tudo sozinha, pensando
que sou capaz. Admito hoje que não sou capacitada, ó
Deus, e entrego o meu coração, as minhas esperanças,
os meus sonhos, a minha família e a minha vida a ti.
Eu te amo, Senhor! No poderoso nome do seu Filho,
Jesus, amém.

Capítulo 14

VOCÊ CONHECE A SUA VOZ?

Sempre amei a cantora e atriz Doris Day, e as minhas filhas também. Em dias chuvosos, as meninas e eu fazíamos pipocas, vestíamos nossos pijamas preferidos e assistíamos a uma maratona de filmes clássicos na minha cama de casal. Às vezes, até meu marido Jeffrey se juntava a nós.

Em uma dessas tardes chuvosas, assistimos a uma sessão dupla de Doris Day e James Garner: *Tempero do amor* e *Eu, ela e a outra*. Quando o segundo filme acabou, Abby e Allyson se retiraram para brincar na sala antes da hora de dormir.

Como era fim de semana, Jeff e eu as deixamos passarem a noite na sala para que pudessem dormir vendo um filme. Quando me dei conta, já eram onze horas da noite. Então, me arrastei para a cama e dormi.

Pouco tempo depois, senti um hálito quente na minha bochecha. Abri um dos olhos e vi Abby em pé, ao lado da minha cama.

— O que houve, Ab? — murmurei.

— Acabei de ouvir a Doris Day no final daquele filme que nós alugamos — sussurrou Abby, muito animada. — Ela estava cantando uma música sobre cegueira e grandes tranças.

"Cegueira e grandes tranças", eu pensei. "Hum..."

— Ah, você quer dizer "seringueiras e grandes esperanças" — perguntei, ainda sonolenta, mas satisfeita por ter entendido o que ela queria dizer.

— Sim, isso mesmo — ela sorriu. — Venha, mamãe, você precisa ouvir!

Então, saí da cama e me arrastei pelo corredor até a sala para ouvir a linda voz de Doris Day cantando *High Hopes* (Grandes esperanças).

— É ela mesma — eu disse a Abby. — Bom ouvido. Não acredito que você sabia que era ela só de ouvi-la.

— Eu conheço a voz dela — afirmou Abby, muito orgulhosa.

Mais tarde, enquanto tentava voltar a dormir, pensei sobre o que Abby havia falado: "Eu conheço a voz dela."

Na época, Abby tinha apenas seis anos, mas ela já havia assistido a tantos filmes de Doris Day que, em poucos segundos, era capaz de reconhecer sua voz. Ela sabia que era Doris cantando mesmo sem vê-la. Sorri ao perceber que havia criado uma grande fã de Doris Day. Porém, em seguida, pensei em outra coisa, que me tirou o sorriso do rosto.

Eu pensei: "Será que coloco as minhas filhas em contato suficiente com a Palavra de Deus a ponto de elas serem capazes de reconhecer a voz do Senhor tão rapidamente?"

É claro que eu as levava à igreja desde o dia em que nasceram, mas será que eu falava sobre a sua Palavra e as suas bênçãos com o mesmo entusiasmo com que contava coisas entusiasmadas sobre a carreira de Doris Day e seus filmes? Será que Abby seria capaz de recitar as Escrituras tão bem quanto era capaz de repetir várias falas da artista em *Tempero do amor*?

Eu não tinha certeza.

Percebi, então, que precisava dedicar mais tempo incentivando as minhas filhas à leitura e meditação na Palavra de Deus.

Depois daquela noite, nunca mais me referi ao meu momento devocional como uma "obrigação". Em vez disso, passei a deixar bem claro para as meninas que a mamãe estava se recolhendo em seu quarto para ter uma conversa emocionante com o Senhor. Também parei de dar desculpas para não ir aos cultos de quarta-feira. Ao contrário: passei a pegar as duas na escola e a dizer que iríamos nos divertir naquela noite na igreja.

Por fim, também passamos a nos amontoar na cama de Abby todas as noites para ler um devocional para crianças. Depois da leitura, dávamos as mãos e orávamos juntas. Esse momento especial se tornou outra tradição familiar em nossa casa.

Hoje, estou feliz em informar que as minhas filhas passaram a conhecer a voz de Deus tão bem quanto conhecem a de Doris Day. Saber disso me deu grandes esperanças acerca do futuro delas. Então, pergunto a você: O quão bem você conhece a voz de Deus? E quanto os seus filhos conhecem a sua voz?

BEIJOS DO CÉU

As minhas ovelhas ouvem a minha voz.
João 10.27

DO SEU CORAÇÃO PARA O CÉU

Pai, quero conhecer a tua voz. Quero ouvi-la mais alto do que todas as outras vozes presentes no meu dia a dia. Ajuda-me também, Pai, a mostrar o meu entusiasmo por ti e pela tua Palavra. Que os meus filhos vejam essa empolgação em mim e a desejem também. No poderoso nome de Jesus, amém.

PERMITINDO QUE OS PEDAÇOS DE CHOCOLATE CAIAM ONDE QUISEREM...

NÃO SE ESTRESSE PELAS COISAS PEQUENAS

MINHA TIA BETTY PERRY CHASE

Se há uma coisa de que me lembro muito bem sobre a minha tia Betty é a sua extrema habilidade na cozinha. Na verdade, o seu bolo do Mississippi era tão bom que todo mundo da nossa cidade pedia a receita. Isso foi antes dos dias de fácil acesso a máquinas copiadoras, então a minha querida tia escrevia a longa receita à mão, toda vez que alguém fazia esse pedido. É claro que os mais espertinhos iam direto ao ponto e pediam que ela fizesse o bolo para eles. Havia um cavalheiro que era um advogado da cidade. Ela fazia um bolo desses para ele todo ano. Como forma de agradecimento, ele pediu que a sua secretária digitasse a receita e fizesse cópias, para que a minha tia Betty não precisasse escrevê-la à mão toda vez que alguém a pedisse.

O BOLO DO MISSISSIPPI DE TIA BETTY

1 xícara de manteiga sem sal
2 xícaras de açúcar
4 ovos
1½ xícara de farinha de trigo
¼ colher (sopa) de sal
½ xícara de chocolate em pó
1 colher (chá) de essência de baunilha
1 xícara de nozes
200 gramas de cobertura de marshmallow
½ xícara de coco ralado adoçado ou farinha de pistache

Bata a manteiga com açúcar até ficar cremoso. Acrescente os ovos e misture até ficar homogêneo. Peneire a farinha, o sal e o chocolate e incorpore ao restante da massa até obter uma mistura lisa. Adicione a essência de baunilha e as nozes. Leve ao forno, a 180°C, por 30 minutos. Retire do forno e espalhe o marshmallow e o coco ralado ou a farinha de pistache. Em seguida, retorne ao forno por três minutos, para derreter.

Cobertura:

100g de margarina
1/5 lata de leite condensado
⅓ de xícara de chocolate em pó
120g de açúcar de confeiteiro

Misture o açúcar e o chocolate em pó e, em seguida, adicione margarina derretida e leite condensado. Espalhe a cobertura por cima do bolo frio. Deixe gelar por 6 horas.

Capítulo 15

É UM MUNDO CÃO

— **Allyson, vamos,** querida! — chamei a minha filha de, então, quatro anos de idade.

Ao me virar, notei o lembrete no quadro de avisos: "Nesta sexta, vista-se como o membro da família que você mais admira."

— Já é *amanhã*! — murmurei, já planejando como eu transformaria a Allyson em uma miniversão de mim mesma.

"Ela pode carregar uma pasta", pensei. "Além disso, posso prender o cabelo dela para trás para dar uma aparência profissional."

Enquanto colocava Allyson no carro, perguntei:

— Ally, eu li que você deve se vestir amanhã como o membro da família que mais admira. Você vai participar?

— Sim — ela respondeu.

— Então, como *quem* você vai se vestir? — perguntei com ar malicioso.

Allyson me olhou com seus olhos azuis e respondeu docemente:

— Maddie.

— MADDIE? — repeti espantada. — Mas você não pode se vestir como a nossa cadela!

"Bem", eu pensei, "serei alvo de chacota. Aposto que nenhuma outra criança se vestirá como o cachorro da família! Ela não sabe que tenho estrias no corpo por causa dela? Ora, bolas, eu ganhei o direito de ser a pessoa mais admirada na sua vida!"

Ao chegarmos em casa, Allyson passou correndo por mim para cumprimentar a popular Maddie — uma pequena bassê cuja atitude era duas vezes maior que seu tamanho.

Assim que ouvi as risadas de Allyson e as latidas de Maddie, eu suspirei. Maddie, aquela bolinha de pelos, havia vencido. Perdi o título de "mais admirada" para um cachorro linguiça!

Não havia mais nada a fazer, além de começar a preparar o seu traje do dia seguinte. Abastecida por refrigerante dietético e M&M de amendoim, comecei a trabalhar na roupa de Maddie. Por volta de 23h30, terminei de fazer a melhor fantasia de cachorro jamais feita e encerrei a noite.

— Fique parada — eu falei, na manhã seguinte, ao passar maquiagem preta no nariz de Allyson. Quando terminei, ela foi até o espelho e deu a sua melhor "latida" antes de sair para a escola.

Quando estávamos a caminho de lá, fiquei observando Allyson pelo retrovisor. Ela estava tão fofa e feliz! Eu, por outro lado, estava agoniada.

"Como posso ter perdido para um cachorro?", pensei.

Ao chegarmos à escola, percebi que todas as outras meninas estavam vestidas como suas mães — todas, menos a minha filha. Engoli seco e acompanhei Allyson até a porta.

Quando passamos por um grupo de mães, uma delas perguntou:

— De que você está vestida, querida?

— De Maddie — Allyson respondeu sorrindo. — Ela é minha cadela.

A mulher deu uma risadinha e as outras mães romperam em gargalhadas.

— Bem, você é uma cadelinha muito bonita — a mulher acrescentou.

Allyson, então, disse algo que nunca esquecerei.

— Obrigada — ela respondeu. — A minha mãe fez a minha fantasia porque ela é a melhor mãe do mundo inteiro.

Com isso, Allyson me deu um beijo de despedida, deixando uma manchinha preta na minha bochecha e uma alegria imensa no meu coração.

Tudo bem, perdi para um cachorro linguiça, mas, na verdade, eu ganhei. Não apenas aprendi a amar a minha filha independentemente de qualquer coisa como, também, aprendi a escolher as minhas batalhas com muito cuidado.

É claro que eu poderia ter insistido para que Allyson se vestisse como uma miniatura minha. Acontece que o que ela realmente queria era se vestir como a sua amada cadelinha. Ao me unir a Allyson para realizar o seu desejo, mostrei a ela que a apoiarei e amarei incondicionalmente, mesmo quando ela não me escolher — assim como o Pai celestial me ama mesmo quando eu não o escolho em primeiro lugar. Sim, aprendi muitas lições com esse episódio. Ele me fez mudar a minha atitude de orgulho para uma atitude de amor incondicional — e tenho tentado permanecer assim desde então.

Por que você não se junta a mim nessa jornada? Não deixe que as coisas pequenas se transformem em uma grande batalha. Em vez disso, procure pequenas oportunidades para mostrar aos seus filhos o quanto você os ama hoje.

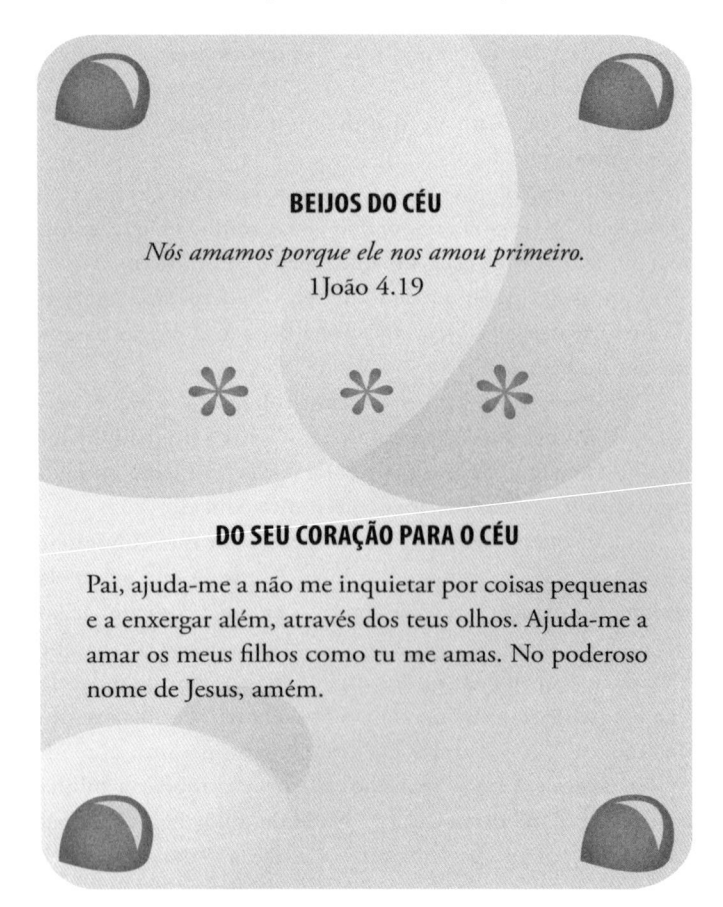

BEIJOS DO CÉU

Nós amamos porque ele nos amou primeiro.
1João 4.19

DO SEU CORAÇÃO PARA O CÉU

Pai, ajuda-me a não me inquietar por coisas pequenas e a enxergar além, através dos teus olhos. Ajuda-me a amar os meus filhos como tu me amas. No poderoso nome de Jesus, amém.

Capítulo 16

COMEMORE CADA MOMENTO

Um dos filmes a que eu assisto várias vezes é *Recém-casados*, com Ashton Kutcher e Brittany Murphy. Você já deve tê-lo visto também. O filme é sobre um jovem casal que se apaixona rápido, se casa e tem a pior lua de mel de todas — eles colocam fogo, acidentalmente, em um castelo na Europa; precisam dormir dentro do carro alugado durante uma nevasca; e são até presos! Eles ficam tão irritados um com o outro e tão decepcionados com a péssima lua de mel que resolvem se divorciar quando voltam de viagem.

Muito triste com o fim do seu casamento, Tom Leezak, o personagem de Ashton Kutcher, visita o pai para ouvir alguns conselhos. A conversa é a seguinte:

— Você vai me contar sobre o que está pensando? — pergunta o pai de Tom.

— Não sei mais se o amor é suficiente — responde o rapaz. — Quero dizer, mesmo que Sarah e eu realmente nos amemos... talvez precisássemos realmente de mais tempo para nos conhecer melhor.

— Então, você está dizendo que teve alguns dias ruins na Europa, e acabou? — pergunta o senhor Leezak. — Está na hora de crescer, Tommy. Em alguns dias, a sua mãe e eu nos amávamos. Em outros, precisávamos nos esforçar para que isso fosse verdade. Nunca vemos os dias difíceis nos álbuns de foto, mas são eles que nos levam de uma foto feliz à outra.

Adoro essa fala porque ela é muito verdadeira. Nem todos os dias da maternidade — ou da vida em geral, na verdade — são repletos de amendoins com cobertura tripla de chocolate ou trufas de chocolate amargo. No entanto, ao observar as fotos das últimas férias, datas comemorativas, excursões, competições esportivas, reuniões de família, viagens e outros eventos do cotidiano, parece que todos os dias na vida de uma mãe são felizes, divertidos e incríveis. Por quê? Porque esses álbuns de fotos mostram imagens da sua família agindo de maneira alegre, sorridente, brincalhona, amorosa e, às vezes, até fazendo palhaçadas. Raramente vemos fotos de pessoas chorando, deprimidas ou irritadas em álbuns de família ou nas fotos postadas no Facebook. Não; até as fotos mais espontâneas emanam felicidade. Quantas vezes você já apontou a câmera para os seus filhos e pediu que eles sorrissem? Nós, raramente, enquadramos nossos filhos quando eles estão fazendo pirraça no chão ou chorando por causa de uma frustração, não é?

É claro que não.

Na realidade, a vida não é sempre tão feliz. Ela não é tão repleta de "momentos felizes". No dia em que a sua filha não é escolhida para fazer parte da equipe de torcida, ou que seu filho não passa para a faculdade que gostaria, ou quando suas crianças são provocadas na escola, você precisa se agarrar aos momentos felizes e à Palavra de Deus para se manter firme até o próximo momento feliz. Precisamos viver todos os dias conscientes de que cada momento é precioso. E também devemos agradecer a Deus por todos os momentos felizes e, até mesmo, por aquelas situações intermediárias ou não tão alegres, pois é através delas que amadurecemos, aprendemos e passamos a valorizar ainda mais aquelas ocasiões da vida dignas do álbum de fotos. Independentemente do tipo de dia que tivermos, nós devemos dizer: "Este é o dia em que o Senhor agiu; alegremo-nos e exultemos neste dia." Com esse tipo de atitude, mesmo os momentos que não são dignos de fotos serão mais valorizados.

BEIJOS DO CÉU

Este é o dia em que o SENHOR agiu;
alegremo-nos e exultemos neste dia.
Salmo 118.24

DO SEU CORAÇÃO PARA O CÉU

Pai, obrigada por preencher a minha vida com a família e obrigada por todos os momentos maravilhosos que já vivi e por todos aqueles que ainda viverei. Ajuda-me a valorizar todos os momentos e a ensinar os meus filhos a fazerem o mesmo. Eu te amo, Deus, e sou muito grata por mais um dia para viver e amar. No poderoso nome de Jesus, amém.

Capítulo 17

SABEDORIA DE SUPERMERCADO

Estávamos andando pelo supermercado quando Abby, que estava com três anos, encontrou um panda de pelúcia pelo qual se apaixonou. Ela o pegou, abraçou e dançou com ele pelos corredores, como se fosse seu novo melhor amigo. Ally, que sempre imitava tudo o que a sua irmã mais velha fazia, pegou um elefante de pelúcia e fez a mesma dancinha feliz junto com Abby.

— Abby, querida, está muito perto do seu aniversário para comprarmos brinquedos agora — eu expliquei. — Coloque o panda de volta no lugar e talvez você ganhe ele de aniversário, ou de Natal... O mesmo serve para você, Ally.

Normalmente, Abby era a mais sensata, mas ela queria muito aquele urso panda e simplesmente não aceitou "não" como resposta.

Ignorando completamente a minha ordem para colocar o urso de volta no lugar, Abby agarrou o brinquedo e começou a chorar:

— Por favor, mamãe! Por favor, eu quero muito ele!

— Hoje não — respondi, firme.

Com isso, Abby se jogou no chão, fazendo a maior pirraça. Ally, que estava com quase dois anos na época, soltou umas reclamações também, piorando a cena.

Para tentar recuperar o controle da situação, peguei o urso e o elefante de pelúcia e tentei colocá-los de volta na prateleira, mas Abby não desistiu com tanta facilidade. Ela não soltava o brinquedo e, de alguma maneira, acabou caindo para trás em cima da vitrine dos bichos de pelúcia, derrubando tudo para todos os lados.

Foi uma cena e tanto. E, para piorar, quase todas as pessoas que eu conhecia estavam fazendo compras no supermercado naquele dia. Eu já estava esperando que algum segurança do mercado viesse nos expulsar de lá. Porém, em vez disso, um senhor idoso da nossa igreja parou para me ajudar. Depois que guardamos o último bichinho de pelúcia no lugar, ele sorriu, dando-me um tapinha nas costas.

Olhando para as minhas filhas, que estavam agora se escondendo atrás do carrinho de compras — pois sabiam muito bem que estavam em apuros! —, aquele experiente servo do Senhor disse:

— Elas são tão preciosas. Estes são os melhores anos da sua vida. Valorize cada momento.

Ele saiu, andando até a sessão de congelados, enquanto eu fiquei ali parada, perplexa.

Ora, eu tinha acabado de presenciar uma das maiores sessões de pirraça das minhas filhas, seguida da maior bagunça na seção dos animais de pelúcia. Então, me lembro de pensar:

"Se estes são os melhores dias da minha vida, eu espero que Jesus volte hoje."

Isso foi há mais de 17 anos, mas as palavras daquele irmão permaneceram comigo. Aqueles, de fato, foram anos preciosos. Eu percebo isso agora. Às vezes, quando estamos no meio da loucura, não conseguimos enxergar as coisas como realmente são. Portanto, se você é mãe de crianças pequenas, aceite o conselho daquele senhor da minha igreja: valorize cada momento. Esses anos passam rápido demais e, embora todas as fases do seu crescimento sejam especiais, há algo muito maravilhoso nesses primeiros anos de beijos melados, gargalhadas incontroláveis e, até mesmo, de eventuais pirraças.

Fiquei muito feliz por aquele homem ter me dado esse conselho naquele dia. Eu o chamo de "sabedoria de supermercado". Foi um conselho inestimável para mim, que me ajudou muito ao longo dos anos. E espero que ele faça o mesmo por você.

Porém, mesmo que os seus filhos não sejam mais pequenos, não é tarde demais. Dedique um tempo hoje para amá-los — não importa que idade tenham. Se eles ainda couberem no seu colo, passe um tempo lendo juntos, ou assistindo a um filme. Se eles forem um pouco mais velhos, que tal preparar brownies de chocolate juntos? Ou se, assim como as minhas filhas, eles estiverem morando longe por causa da faculdade, ou por causa do serviço militar, mande uma mensagem, dizendo: "Eu te amo e estou com saudades, mas tenho muito orgulho da pessoa que você se tornou. Mal posso esperar para ver você de novo!" Vamos valorizar os nossos filhos, hoje e sempre!

BEIJOS DO CÉU

A sabedoria se acha entre os idosos?
A vida longa traz entendimento?
Jó 12.12

DO SEU CORAÇÃO PARA O CÉU

Pai, ajuda-me a valorizar cada momento com os meus filhos, sem querer apressar as coisas, desejando o que está no futuro. No poderoso nome de Jesus, amém.

Capítulo 18

QUEBRANDO A
MALDIÇÃO DA MÃE

Ela é chamada de "A maldição da mãe".

"Tomara que você tenha um filho igual a você quando crescer!"

Há grandes chances de que você tenha ouvido essas palavras da sua mãe, provavelmente depois de fazer algo que a irritou. E, não se iluda: há grandes chances de que você tenha, de fato, tido um filho igual a você! No meu caso, eu tive duas. Sabe o que é interessante quando criamos filhos que são como nós? É que percebemos todos os nossos defeitos neles. É como se existisse uma lupa gigantesca sobre eles, revelando todos os seus pontos fracos, que são os mesmos que os nossos.

Isso, é claro, cria um terreno fértil para brigas, ressentimentos e mágoas. Portanto, como mães, precisamos reconhecer essa situação e assumir o controle. Quando, por exemplo, a minha filha Allyson estacionou em local proibido durante algumas horas porque não leu a placa e levou uma multa enorme, tive vontade de estrangulá-la. Eu sabia que ela não tinha dinheiro para pagar a multa e eu não podia contar ao meu marido, pois esse tipo de coisa eleva o seu nível de estresse para a zona de perigo. Ou seja, a boa e velha mamãe teria que desembolsar o equivalente a mais de 250 reais.

— Eu fui multada! — disse Allyson, indignada.

Eu já estava prestes a passar um sermão nela sobre falta de responsabilidade, quando me lembrei de que eu mesma tinha recebido não uma, mas sete multas de estacionamento proibido quando estava na faculdade. Também lembrei que quase não pude participar das cerimônias de formatura porque não havia pagado essas multas e sequer contado aos meus pais que as tinha recebido. Além disso, quando finalmente contei à minha mãe sobre as sete multas, ela simplesmente preencheu um cheque e disse: "Nunca fale sobre isso!"

Ela me deixou escapar sem passar nenhum sermão e também não contou nada ao meu pai que, provavelmente, teria tirado o carro de mim para sempre. Minha mãe, simplesmente, demonstrou graça; portanto, eu deveria fazer o mesmo. Logo, não passei um sermão em Ally. Em vez disso, contei a ela sobre as minhas diversas multas por estacionar em lugar proibido e nós rimos bastante.

Virei o jogo da "maldição da mãe" e, em vez de deixar a irresponsabilidade de Ally me irritar, consegui refletir, me acalmar e perceber que não valia a pena me aborrecer com aquilo, e que minha filha tinha muitas outras qualidades — apenas prestar atenção às placas não era uma delas.

Filho de peixe, peixinho é.

Está na hora de você romper a "maldição da mãe" também e apreciar seus filhos. Precisamos quebrar aquela lupa que amplia e enfatiza os seus defeitos e amar os nossos filhos — mesmo com os seus defeitos. Peça a Deus que a ajude a ver os seus filhos como ele os vê. Aproveite e peça ao Senhor que a ajude a se ver como ele a vê, também.

Em outras palavras, dê um descanso aos seus filhos e a si mesma também. Não espere que eles sejam perfeitos, e não cobre perfeição de você mesma. Deus ama você e os seus filhos e ele não usa as suas fraquezas contra você, anotando todas as suas falhas. Lembre-se de que o poder do Senhor se aperfeiçoa na nossa fraqueza. Isso é algo digno de comemoração! Portanto, vá em frente e coma alguns bombons...

Finalmente, nós podemos até ter a "maldição da mãe", porém a "bênção do Pai" a supera todas as vezes!

BEIJOS DO CÉU

Minha graça é suficiente a você, pois o meu poder se aperfeiçoa na fraqueza.
2Coríntios 12.9

DO SEU CORAÇÃO PARA O CÉU

Pai, ajuda-me a nutrir os pontos fortes dos meus filhos e a orar pelos seus pontos fracos. Ajuda-me a demonstrar mais graça e amor como mãe, assim como o Senhor faz comigo. Ajuda-me, também, a nunca esquecer que os filhos são bênçãos do Senhor — especialmente aqueles que se comportam como eu. No poderoso nome do teu Filho, Jesus, amém.

ESTRELAS DE CHOCOLATE NOS SEUS OLHOS...

SE ESFORÇANDO PARA SER A MÃE PERFEITA

MINHA MÃE MARION MEDLOCK

Minha mãe, Marion Medlock, sabia cozinhar. Ela, apenas, não gostava muito de fazer isso. Se o meu pai tivesse deixado, ela provavelmente teria guardado as suas roupas dentro do forno.

Podemos dizer que puxei à minha mãe. No entanto, ela tinha algumas especialidades imbatíveis! Uma de suas receitas mais amadas é o mundialmente famoso cookies rapidinhos. Já provei essa receita feita por outras pessoas e, eu mesma, já a preparei algumas vezes; no entanto, nenhuma tem o "toque especial" da minha mãe. Os cookies dela eram sempre molhadinhos, mas não murchos. Eles eram doces, mas não muito doces. Tinham o gosto do paraíso e eu daria tudo para comer um agora!

Desde a morte da minha mãe, em 2008, várias pessoas da família tentaram repetir a sua famosa receita de cookie rapidinho, mas nenhum de nós conseguiu dominá-la ainda. No entanto, minha sobrinha, Autumn Bailey, está definitivamente no caminho certo. Quando Autumn preparou essa receita para a véspera de Natal do ano passado, eu devo ter comido cinco seguidos. Era quase como se a mamãe estivesse com a gente, de novo! Em nossa família, a tocha foi passada para Autumn. Agora, eu a estou passando para você, na sua família.

COOKIES RAPIDINHOS DA MAMÃE

2 xícaras de açúcar
½ tablete de manteiga sem sal
½ xícara de leite
3 colheres (sopa) rasas de chocolate em pó
1 colher (chá) de essência de baunilha
1½ xícara de farinha de aveia
½ xícara de manteiga de amendoim

Coloque os primeiros quatro ingredientes em uma panela. Em uma tigela separada, coloque ½ xícara de manteiga de amendoim e 1 ½ xícara de farinha de aveia. Em seguida, deixe a mistura da panela ferver. Mexa sem parar, retire do fogo, deixe amornar (a mistura só firma quando esfriar) e adicione a essência de baunilha e a mistura de manteiga de amendoim com a farinha de aveia. Misture tudo e porcione com uma de colher de sopa em papel alumínio (com o lado brilhante para cima) ou em papel manteiga. Deixe esfriar para que firmem. Rende em média 30 cookies. Polvilhe com flocos de aveia.

Capítulo 19

NINGUÉM É PERFEITO

Sabe qual é o problema de tentarmos ser perfeitos? Sempre acabamos decepcionados com nós mesmos e com os outros. Durante a época da minha vida em que eu estava passando pela fase "crica", tentando ser a mãe perfeita, com a casa perfeita, o corpo perfeito, o casamento perfeito e as filhas perfeitas, percebi que estava sempre perfeitamente infeliz.

Também notei que, sempre que entro nesse modo perfeccionista, não apenas encontro defeitos em tudo o que faço como, também, acho imperfeições em tudo o que os outros fazem. Como você deve imaginar, eu não tenho muitos amigos e familiares querendo conviver comigo quando estou nessa fase "crica". Quando nos comportamos dessa maneira, esperamos perfeição de todas as outras pessoas ao nosso redor, inclusive de nossos filhos — e, quando eles não conseguem alcançar a perfeição completa, nós, sem querer, destruímos o seu coraçãozinho. Ao fazer isso, oferecemos mais chances para eles fracassarem, e isso não é justo.

O dicionário define "Perfeição" da seguinte maneira: "Estado ou condição de ser perfeito; Qualidade de ser realizado ou concluído sem falhas; Ausência de falhas ou defeitos, em relação a um padrão ideal; Um exemplo de excelência."

Se eu precisar ser perfeita o tempo inteiro, estarei em apuros. Há dias em que eu poderia ganhar o prêmio de mãe do ano, mas há um monte de outros dias em que não poderia, sequer, ser indicada para uma menção honrosa.

E você?

É por isso que gosto muito mais da definição cristã de perfeição: "Amar a Deus de todo o seu coração, de toda a sua alma, de todas as suas forças e de todo o seu entendimento." Isso parece muito mais acessível para mim. Em outras palavras, não preciso "fazer tudo certo" sempre, pois se o meu coração estiver correto e eu estiver buscando verdadeiramente a Deus, posso andar em perfeição cristã o dia inteiro, todos os dias. E, adivinhe?! Você também pode!

Mesmo se você for o tipo de mãe que compra o bolo de aniversário dos seus filhos na confeitaria, em vez de fazê-los você mesma, não tem problema — a propósito, eu sou esse tipo de mãe. Mesmo que você sempre deixe os seus cookies queimarem, tudo bem. Ainda que a sua casa fique cheia de poeira de vez em quando, não tem problema. Mesmo que a sua cintura não seja mais tão fininha, tudo bem. E, mesmo que você grite de vez em quando com seus filhos e tenha que se desculpar depois por ter perdido a paciência, não tem problema. Não estamos buscando a definição de perfeição do mundo; portanto, pare de exigir essas coisas de si mesma e das outras pessoas em sua vida. Descanse no Senhor e medite sobre a sua definição de perfeição, que é "amar a Deus de todo o seu coração, de toda a sua alma, de todas as suas forças e de todo o seu entendimento".

Também não estou dizendo que devemos acampar na mediocridade e ficar ali para sempre. Não! Precisamos, isso sim, nos esforçar para melhorar e sermos mais parecidas com Jesus a cada dia. No entanto, nos dias em que falharmos, devemos ser capazes de nos perdoar e seguir em frente.

Se você ainda tem dificuldade para deixar a fase "crica" perfeccionista para trás, peça que Deus a ajude a se aceitar como ser humano e a seguir em frente. Veja bem, pode ser que nunca mais ganhemos o prêmio de melhor mãe em toda a nossa vida, mas ainda podemos ser vencedoras. Quem disse que ninguém é perfeito? Se amarmos a Deus, ele dirá que somos!

 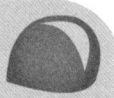

BEIJOS DO CÉU

Tenho constatado que toda perfeição tem limite;
mas não há limite para o teu mandamento.
Salmo 119.96

DO SEU CORAÇÃO PARA O CÉU

Pai, ajuda-me a abandonar a busca humana pela perfeição segundo a definição deste mundo. Ajuda-me a
amar mais a ti e a me tornar mais parecida com o
Senhor a cada dia. E, Deus, ajuda-me a não criar expectativas irreais em relação aos meus filhos, pois aca-
barei me decepcionando. Em vez disso, que eu possa
incentivá-los a ser o melhor que eles puderem, mas
sem pressioná-los a tentarem ser perfeitos. No poderoso nome do teu Filho, Jesus, amém.

Capítulo 20

VOCÊ FOI CHAMADA E CAPACITADA

Não muito tempo atrás, quando eu estava na fila do aeroporto de Los Angeles, não pude deixar de notar a família que estava na minha frente. A mãe estava, obviamente, bastante sobrecarregada, viajando com um filho de uns oito anos e um bebê no carrinho. Além disso, ela estava carregando uma cadeirinha para automóvel e duas mochilas. Enquanto esperavam a sua vez, percebi que o menino estava inquieto, tentando passar por baixo da faixa da fila. A mãe, calmamente, mandou-o parar várias vezes, sem perder a paciência. Quando ela foi tirar o bebê do carrinho para passar pelo scanner de segurança, o menino ultrapassou a faixa e entrou na área proibida, fazendo com que um guarda de segurança viesse repreendê-lo severamente. A mãe se colocou entre seu filho e o agente, prometendo que isso não aconteceria novamente. Tornou-se óbvio que aquele menino tinha necessidades especiais.

Depois desse episódio com o guarda, o menino tapou os ouvidos e se jogou no chão em posição fetal. A mãe, sem hesitar, se ajoelhou ao seu lado e explicou ao filho carinhosamente, mas de forma firme, que ele entraria em apuros se tentasse ultrapassar a faixa novamente. Ela, então, abraçou-o e deu um beijo em sua testa antes de se levantar para tirar a filha do carrinho.

Eu queria tanto oferecer ajuda, mas, quando eu estava prestes a fazer isso, a fila andou e chegou a vez daquela mãe passar pelo scanner. Acho que todas as pessoas que estavam na fila suspiraram de alívio quando viram que ela foi liberada logo na primeira tentativa.

Aquela mãe maravilhosa cuidou dos dois filhos e lidou com uma situação estressante com graça, dignidade e amor. Se existissem medalhas para a maternidade, ela certamente ganharia uma, com base naqueles quinze minutos em que a observei. Aquela mulher exalava amor e paciência por todos os poros. Era quase como se ela tivesse uma paz sobrenatural sobre si, que nem um guarda de segurança agitado e nervoso foi capaz de roubar. Não sei se ela era cristã; porém, com base no que pude observar naqueles breves momentos, fiquei com a forte impressão de que sim.

Mais tarde, ao me lembrar daquela mãe incrível, percebi que Deus realmente nos dá tudo de que precisamos para lidar com qualquer situação que possamos enfrentar. A Palavra nos diz que podemos tudo naquele que nos fortalece — mas, será que vivemos como se acreditássemos de verdade nisso?

Será que nós, realmente, compreendemos esse versículo? Ou será que apenas o repetimos porque sabemos de cor, antes de nos enfiar debaixo das cobertas com uma caixa de bombons, sem nos dar conta do poder embutido nessas palavras? Eu a desafio a dizer: "Tudo posso naquele que me fortalece" várias vezes durante o dia de hoje, lembrando a si mesma que você foi chamada e capacitada para ser uma ótima mãe. Quer você tenha um filho com necessidades especiais, ou seja mãe solteira; quer você tenha um filho lutando contra uma doença grave ou seja mãe de um adolescente que se afastou do Senhor; você consegue! E mais: você não precisa fazer nada sozinha. Deus promete nunca deixá-la ou desampará-la! Portanto, apoie-se nele! Você consegue, pois o Pai eterno está com você.

BEIJOS DO CÉU

Mas aqueles que esperam no SENHOR renovam as suas forças. Voam alto como águias; correm e não ficam exaustos, andam e não se cansam.
Isaías 40.31

DO SEU CORAÇÃO PARA O CÉU

Pai, obrigada por me chamar e capacitar para cumprir o meu propósito divino em ti. Ajuda-me, Senhor, a nunca esquecer que eu posso todas as coisas naquele que me fortalece. Eu oro, Deus, para que apenas ao viver a minha vida e, ao lidar com as situações com amor e graça, possa ser uma testemunha para muitas pessoas, tendo a oportunidade de compartilhar a minha fé. No poderoso nome de Jesus, amém.

Capítulo 21

CUMPRA O SEU CHAMADO

Pouco tempo atrás, eu estava procurando algo para assistir na televisão, quando parei no programa *Life Today*, apresentado por James e Betty Robison. Naquele dia, o programa recebeu o escritor, diretor e produtor Randall Wallace, mais conhecido por ter escrito o filme *Coração valente* e dirigido *Fomos heróis* e *Secretariat — Uma história impossível*. Wallace estava lá para falar sobre o famoso filme *O céu é de verdade*, também dirigido por ele. Eu gosto tanto desse filme que resolvi assistir ao programa naquela manhã. Durante a entrevista, James Robison observou que Wallace é seletivo na escolha de projetos, isso é óbvio, já que muitos deles contam histórias maravilhosas e edificantes que possuem uma aplicação espiritual.

— Você deseja que as pessoas conheçam o Senhor? Você quer que elas conheçam a Cristo e de forma pessoal? É isso? — perguntou James Robison.

Wallace pensou por um momento e, então, respondeu:

— Eu saí do seminário pensando que não estava entendendo o meu chamado, então fui conversar com o pastor da minha família. Ele sabia que eu estava estudando religião, e então, perguntou: "Você sente o chamado para ser pastor?" Eu respondi: "Sinceramente, não, apesar de saber que esse é o maior chamado que alguém pode ter." O pastor insistiu: "Você está enganado. O maior chamado que você pode ter é o chamado que Deus tem para você."

Wallace continuou a entrevista dizendo que o seu chamado é contar histórias inspiradoras e revelar a verdade como ele a conhece. Aquele grande diretor disse ser grato por cumprir o seu chamado.

Também sou grata por Wallace cumprir o seu chamado, caso contrário, talvez nunca tivéssemos assistido a seus lindos filmes. Eu não queria esquecer as palavras poderosas que ele disse naquela entrevista. Por isso, anotei-as e guardei dentro da minha Bíblia.

Também não quero que você as esqueça.

Só porque você não foi chamada para ser uma pregadora do Evangelho, isso não significa que não possa impactar o mundo com o amor de Deus à sua própria maneira. Talvez você nunca pregue um sermão sobre a bondade, mas pode demonstrar essa bondade pelo morador de rua por quem você passa todos os dias. Talvez nunca escreva um livro sobre o amor de Deus, mas pode estimular seus filhos a escreverem cartões de Natal com mensagens bíblicas para aquelas pessoas que os servem diariamente, como o lixeiro da rua, o porteiro do prédio ou a moça do supermercado.

Definitivamente, não é preciso estar atrás de um púlpito para ter um propósito divino.

Quer você tenha o chamado para ser uma executiva, professora ou dona de casa, você é importante. A sua vida tem valor! Como mães, temos o trabalho mais importante — o de criar filhos que amem a Deus e ajudá-los a descobrirem o seu propósito divino. O Senhor a chamou para cumprir esse papel especial porque ele confia em você. Na verdade, Deus já tinha um plano para a sua vida desde quando você estava no útero da sua mãe. É tão poderoso quando sabemos que estamos fazendo exatamente o que nascemos para fazer, e o diabo sabe disso! É justamente por isso que ele fará o possível para fazê-la desanimar e se comparar com outras pessoas e seus respectivos chamados, na tentativa de convencê-la de que seu papel no Reino de Deus não é tão importante.

Mas, ele é!

Não caia nessa armadilha. Ao contrário, agradeça a Deus pelo seu chamado e cumpra-o com muito entusiasmo e coragem. Corra a sua corrida — abastecida pela Palavra de Deus e por um pedacinho de chocolate de vez em quando. Quando fizer isso, você apreciará a viagem, e cada passo em direção à linha de chegada terá um propósito.

BEIJOS DO CÉU

Portanto, também nós, uma vez que estamos rodeados por tão grande nuvem de testemunhas, livremo-nos de tudo o que nos atrapalha e do pecado que nos envolve, e corramos com perseverança a corrida que nos é proposta.
Hebreus 12.1

DO SEU CORAÇÃO PARA O CÉU

Pai, eu te agradeço por ter me criado para viver neste tempo. Ajuda-me a nunca esquecer a importância do meu chamado e a cumprir o meu propósito divino. Eu te amo, Senhor. No poderoso nome de Jesus, amém.

Capítulo 22

CRISE DE IDENTIDADE RESOLVIDA

Antes de ter filhos, eu era jornalista de um jornal diário de Indiana. Nessa função, cobria histórias locais importantes e, até mesmo, entrevistava celebridades de vez em quando. Quando ia a lugares públicos, algumas pessoas que eu nunca tinha visto vinham conversar comigo sobre alguns artigos que eu havia escrito, ou me davam ideias para futuras matérias.

Eu gostava de ser Michelle Adams, a jornalista.

No entanto, depois que tive as nossas filhas, Abby e Ally, acabei abandonando a minha vida louca de jornalista para ficar em casa e ser mãe, enquanto tentava construir uma carreira de escritora freelancer. De repente, a minha rotina mudou: em vez das reuniões de pauta, minhas manhãs passaram a ser ocupadas por desenhos animados na TV.

A vida mudou, mas eu não estava preparada para isso.

Cerca de um ano depois de deixar o trabalho no jornal, o escritório de contabilidade do meu marido foi convidado para participar de um evento da Câmara de Comércio, e fui com ele. À medida que fomos nos misturando e conversando com as pessoas presentes, tornou-se óbvio que eu não fazia mais parte das pessoas "populares".

Eu havia passado de "Michelle Adams, a jornalista" para, simplesmente, a esposa de Jeff e a mãe de Abby e Ally. Eu tinha pouco a contribuir para as conversas, pois ninguém estava interessado em saber que o novo e melhorado achocolatado tinha, realmente, gosto de leite com chocolate. Por fim, desisti. Deixei a parte corporativa do evento e fui procurar as outras mulheres presentes. Felizmente, o grupo das mães era extremamente acolhedor, e conversamos sobre os lançamentos de brinquedos, aleitamento materno e o show do *Disney on Ice*, que iria para Indianápolis no mês seguinte.

Ainda assim, quando Jeff e eu voltávamos para casa, naquela noite, eu me senti insignificante e frustrada.

— Aconteceu alguma coisa? — perguntou Jeff, segurando a minha mão.

— Não, na verdade, não — respondi. — Acho que percebi esta noite que perdi a minha identidade. Só preciso descobrir quem eu sou de novo.

Essas palavras ficaram no ar durante o restante do caminho para casa. Senti-me culpada só de pensar aquilo. Eu tinha conseguido tudo o que queria — só que já não tinha mais certeza se realmente queria aquilo.

A minha mãe — ou a babá — já tinha colocado as meninas na cama quando chegamos à nossa casa. Beijei a testa de Abby delicadamente, para não acordá-la, e, em seguida, fiz o mesmo com Ally. Ao fechar a porta depois de sair do quarto delas, não pude evitar um sorriso. Eu estava tão grata pelas minhas filhas e pelo privilégio de ser a mãe delas que me dei conta, naquele momento, de que não sentia saudades da minha antiga vida como jornalista. Eu amava a minha vida como ela estava. Na verdade, eu sentia era a falta do título e da identidade que vinham com o meu emprego no jornal.

Aquela noite marcou o início e o fim da minha crise de identidade. Busquei a Deus antes de dormir e redescobri que a minha identidade estava em Cristo — e ponto final, independentemente da fase que estivesse vivendo, ou se eu trabalhasse fora ou fosse mãe naquele dia em particular. Quer eu estivesse cercada por colegas jornalistas caçando histórias ou por mamadeiras pela metade e chupetas mastigadas, ainda assim eu era eu. E esse "eu" era completamente comprometido com meu Pai celestial. Não importava se aquelas pessoas populares não sabiam mais o meu nome, pois o Criador do universo sabia e até o havia escrito no Livro da Vida do Cordeiro!

Portanto, se você está passando por uma crise de identidade, aqui está a solução: você é filha do Deus Altíssimo. Em meio a mudanças de emprego, mudanças geográficas, mudanças de nome, divisões na igreja, separações familiares e diferentes fases da vida, Deus é imutável e o seu amor por nós é firme. Como cristãs, a nossa identidade está em Cristo — e isso é mais do que suficiente.

BEIJOS DO CÉU

Porque somos criação de Deus realizada em Cristo Jesus para fazermos boas obras, as quais Deus preparou antes para nós as praticarmos.
Efésios 2.10

DO SEU CORAÇÃO PARA O CÉU

Pai, sou muito grata porque a minha identidade está em ti. Ajuda-me a nunca esquecer esta verdade. Em nome de Jesus, amém.

Capítulo 23

A MENINA DOS OLHOS DE DEUS

Cresci assistindo a seriados que mostravam o dia a dia de famílias médias americanas. Eles mostravam as mães mais legais do mundo, que pareciam ter tudo sob controle, desde as próprias emoções até as rotinas de casa. Os seus maridos eram loucos por elas e os seus filhos as amavam e respeitavam. Aquelas personagens maternas pareciam lidar com todas as situações da vida com elegância e humor, além de estarem sempre lindas, com seus impecáveis aventais brancos, os cabelos sempre penteados e um admirável senso de humor. À noite, quando as famílias se reuniam, elas tinham um jantar magnífico à espera do marido e dos filhos. Além disso, encontravam tempo para fazer trabalhos manuais, comparecer às reuniões da igreja e dedicar boas horas ao serviço voluntário em favor dos pobres. Aquilo é que eram mães!

Puxa, como eu gostaria de ter sido como uma daquelas protagonistas de histórias familiares perfeitas... Sim, decidi, quando me tornei mãe, que faria as coisas de maneira semelhante àquelas mães dos seriados de TV. Mas... isso não aconteceu. Na verdade, passei bem longe dessa meta. Nunca sequer comprei um avental, e os meus jantares, normalmente, envolviam uma panela elétrica. Definitivamente, não canto no coral da igreja, mas já trabalhei como voluntária na escola das meninas muitas vezes, ostentando o meu corte de cabelo dos anos 1980, bem distante dos volumosos penteados daquelas heroínas da telinha. Ainda assim, na minha cabeça, o meu melhor nunca parecia estar à altura da imagem da mãe ideal que eu havia criado em minha imaginação.

Na verdade, houve dias em que olhei para as minhas filhas e me perguntei se Deus sabia o que estava fazendo quando confiou a mim meninas tão maravilhosas. Mas, então, eu lembro: "Ele é Deus. Ele já conhecia todas as minhas falhas e defeitos, mesmo antes de eu me tornar mãe, portanto, o Senhor deve ver em mim algum potencial que não sou capaz de enxergar."

Você não é grata por Deus nos olhar com olhos de amor, em vez de julgamento e condenação? Nos dias em que queimo o jantar de família, guardo as roupas no lugar errado, perco algum bilhete da escola ou me esqueço de algum evento importante das meninas por causa das minhas obrigações de trabalho, fico extremamente grata por Deus ser um Pai paciente, amoroso e que sempre vê o melhor em mim. E aposto que você sente o mesmo.

Portanto, embora seja verdade que não consegui alcançar a minha meta de mãe de seriado de televisão, eu, sem dúvida, me tornei uma versão melhor da Michelle Adams com o passar dos anos. Além disso, Deus esteve comigo durante cada etapa da minha vida, mudando-me e transformando-me de glória em glória. Ele está fazendo o mesmo por você! Ele entende quando não alcançamos o alvo. Ele nos incentiva quando nos aproximamos de sua santa presença. Nosso Pai celestial fica muito feliz quando não tardamos a nos arrepender e aceitamos a sua correção. Enfim, o Senhor nos ama ainda mais do que amamos os nossos próprios filhos. Pense nisso por um instante. Você ama tanto os seus filhos, a ponto de dar a sua vida por eles, assim como eu. Bem, Jesus já deu a sua vida por nós. Isso mostra o quanto ele nos ama — apesar dos nossos defeitos e momentos imperfeitos da maternidade.

Logo, na próxima vez em que você se sentir sobrecarregada, indigna e totalmente incapaz, peça que Deus a ajude a se ver como ele a vê. Ele é louco por você! Afinal, você é como a menina dos olhos do Pai.

BEIJOS DO CÉU

Não que eu já tenha obtido tudo isso ou tenha sido aperfeiçoado, mas prossigo para alcançá-lo, pois para isso também fui alcançado por Cristo Jesus.
Filipenses 3.12

DO SEU CORAÇÃO PARA O CÉU

Pai, eu te louvo porque Tu enxergas o melhor em mim e porque Tu me aperfeiçoas de glória em glória. Obrigada por nunca desistir de mim, mesmo quando quero desistir de mim mesma. Ajuda-me, Senhor, a me ver como Tu me vês, através dos olhos do amor incondicional. Eu te amo, Deus. No poderoso nome de Jesus, amém.

Capítulo 24

VOCÊ É UMA
TORCEDORA TÍMIDA?

No aniversário de 20 anos de minha filha Ally, ela só pediu uma coisa: ingressos para assistir ao jogo dos Cubs contra os Dodgers. E eu, de bom grado, a presenteei com isso. Comprei ingressos com um torcedor que não poderia comparecer ao jogo, e planejamos uma noite divertida. É claro que esses ingressos eram de assentos no meio dos torcedores fanáticos dos Dodgers e isso, normalmente, não deveria ser um problema. Tudo o que eu precisaria fazer seria me misturar aos outros espectadores e aproveitar um ótimo jogo de beisebol. Porém, sou uma torcedora fanática dos Cubs...

Além disso, não torço pelos Cubs só porque sou do centro-oeste dos Estados Unidos. Minha preferência por aquele time é mais profunda do que essa mera identificação nativista. Gosto do Chicago Cubs porque o meu pai amava esse time.

Durante grande parte da minha infância, tive a bênção de poder viajar junto com os cubbies. Minha mãe, meu pai e eu nos espremíamos no nosso carro e dirigíamos em direção a qualquer lugar onde o time fosse jogar naquela noite.

Como você pode imaginar, eu estava doida para vestir uma das minhas camisas extravagantes do time para assistir ao jogo com Ally. Mas, por saber que os Cubs tinham vencido os Dodgers de lavada na noite anterior, fiquei com medo de provocar os torcedores mais apaixonados dos Dodgers, que certamente estariam ao nosso redor.

Então, deixei a camisa do meu time guardada e vesti uma blusa vermelha — uma cor neutra para aquele jogo.

Quando chegamos aos nossos assentos, me surpreendi ao ver uma grande fileira de torcedores dos Cubs na nossa frente — e todos vestindo, orgulhosamente, as suas camisas e bonés do time. Eles torciam e gritavam pelo seu amado time de beisebol, mesmo com a torcida adversária olhando feio e reclamando, enquanto eu apenas aplaudia educadamente. Os Cubs acabaram perdendo a partida. Mesmo assim, aproveitei aquela noite com a minha filha mais nova e com o nosso sorvete de chocolate, servido em um miniboné dos Dodgers; no entanto, eu queria ter vestido mesmo era a minha camisa dos Cubs.

Mais tarde, ao refletir sobre aquela noite no estádio, quase me senti culpada por não ter representado o meu time no meio dos torcedores adversários. Não me entenda mal; eu torceria pelos Dodgers quando eles jogassem contra qualquer outro time que não fosse os Cubs. Naquela noite, porém, fui uma torcedora muito tímida — e, normalmente, não sou nem um pouco assim.

Isso me fez questionar se eu estaria agindo da mesma maneira na minha vida espiritual. Será que eu era uma cristã tímida, com medo de ofender aqueles à minha volta que não vivem para Deus?

Você é assim?

Quando o seu filho é convidado para dormir na casa de um amigo e você descobre que eles pretendem assistir a um filme proibido para menores, você sugere um filme mais apropriado para a idade deles? Ou você cede, dizendo: "Não tem problema se for só dessa vez..."

Como mães, enfrentamos situações como essa o tempo todo, e acredito que existe uma linha tênue entre agir como uma cristã comprometida e uma crente exagerada e agressiva. Acho que devemos tomar decisões baseadas na Bíblia e que sejam melhores para os nossos filhos, porém jamais serei uma daquelas pessoas que falam "glória a Deus" o tempo todo durante as conversas. Ainda assim, espero não ser uma testemunha tímida de Jesus — e, muito menos, uma pessoa exagerada e irritante ao compartilhar a minha fé. Oro para que eu seja uma boa testemunha — em palavras e ações — e para que eu ensine as minhas filhas a se posicionarem em relação àquilo em que creem.

Oro para que o mesmo aconteça com você. Sejamos corajosas pelo nosso Senhor. Vamos ganhar almas para Jesus por meio do nosso amor. E não tenhamos vergonha da nossa fé, mesmo que os outros ao nosso redor estejam seguindo um caminho diferente. Amém?

Ah, e vamos, Cubs!

BEIJOS DO CÉU

*Antes, santifiquem Cristo como Senhor em seu coração.
Estejam sempre preparados para responder
a qualquer pessoa que lhes pedir a razão
da esperança que há em vocês. Contudo,
façam isso com mansidão e respeito...*
1Pedro 3.15-16

DO SEU CORAÇÃO PARA O CÉU

Pai, ajuda-me a ser corajosa em relação à minha fé, mas de maneira acessível, para que outras pessoas possam ser atraídas a ti por meio do meu testemunho. Ajuda-me, Senhor, a mostrar às minhas filhas como defender a sua fé sem medo. Eu te amo, Deus. No poderoso nome de Jesus, amém.

GRANULADOS DE FELICIDADE...

ENCONTRANDO ALEGRIA NA JORNADA

MINHA PRIMA BROOKE FLEETWOOD AURS

No ano em que a minha prima, Brooke Fleetwood Aurs, se casou com Scott, os pais deles acabaram se mudando para a Flórida. Eles não apenas sentiram muita saudade deles dois como, também, uma tremenda falta do maravilhoso fudge de chocolate da mãe de Scott. Para ele, portanto, só havia uma coisa a fazer — pegar a receita para que Brooke aprendesse a fazer o fudge da sua mãe o mais rápido possível.

— Sim, eu tive que dar continuidade à tradição do fudge de chocolate e pasta de amendoim para Scott — contou Brooke. — Infelizmente, como a minha sogra não estava ao meu lado para supervisionar nas primeiras vezes em que preparei essa sobremesa, precisei improvisar. Porém, eu telefono bastante para ela a fim de pedir conselhos culinários, especialmente no período das festas de fim de ano.

Ao que parece, Brooke acabou aprendendo o fudge da Sandy, uma vez que não houve reclamações — apenas mais pedidos pela sobremesa!

O FABULOSO FUDGE DE CHOCOLATE E MANTEIGA DE AMENDOIM DA SANDY

3 xícaras de açúcar
170 gramas de manteiga de amendoim
⅔ de xícara de leite condensado
340 gramas de chocolate meio amargo picado
1½ xícara de cobertura de marshmallow
1 xícara de nozes (opcional)
Paçoca para finalizar

Coloque o açúcar, a manteiga de amendoim e o leite condensado em uma panela e deixe ferver, misturando sem parar. Deixe ferver por, aproximadamente, quatro minutos e, em seguida, adicione o chocolate, a cobertura de marshmallow e as nozes, se for o caso. Despeje em uma forma untada com manteiga e leve à geladeira. Corte e decore com a paçoca. Depois... Aproveite!

Capítulo 25

ALEGRE-SE SEMPRE NO SENHOR!

Na carta de Paulo à igreja de Filipos, ele fala em "alegria", ou em "alegrar-se", mais de dez vezes. O que torna isso tão especial é o seguinte: Paulo não escreveu essa epístola enquanto comia bombons em sua bela e confortável casa. O apóstolo escreveu o texto em meio a dores, quando estava preso — e não era uma prisão qualquer.

O estudioso e pastor grego Rick Renner estudou os detalhes históricos da prisão onde Paulo estava detido quando escreveu a carta aos filipenses e compartilhou as suas descobertas durante um culto realizado na Igreja Internacional Eagle Mountain, em Fort Worth, no Texas. Fiquei muito grata por estar presente àquele culto, pois o que ele contou ali mudou para sempre a minha leitura dessa passagem das Escrituras.

Parece que essa cadeia romana era conhecida como uma das piores prisões de todo o império. Ela já havia sido utilizada como fossa sanitária durante muitos anos, e foi transformada em prisão para os piores criminosos. Os prisioneiros eram acorrentados com os braços acima da cabeça e obrigados a ficar mergulhados, até a cintura, em dejetos humanos. Eles tinham que ficar de pé — não importava o quão cansados estivessem. O cheiro era tão horrível que alguns presos morriam por causa das emissões tóxicas! Outros sucumbiam por causa das mordidas de ratos e infecção. Havia, também, aqueles que viam a própria vida se esvair diante do desespero daquela situação.

Aquela masmorra fétida era tão horrenda que sugava a vida dos homens mais fortes que eram largados ali. A prisão era escura o tempo todo, sem qualquer distinção entre dia e noite. A única luz que entrava era por uma pequena fresta, quando os guardas alimentavam os prisioneiros. Não havia janelas ou qualquer ventilação. Não havia motivo de qualquer alegria ou esperança.

Como, então, Paulo podia escrever sobre alegrar-se no Senhor em meio a tanta escuridão, desespero e excrementos? Pois o apóstolo, mesmo nas piores condições, descobriu que a fonte da sua alegria não tinha relação com o ambiente em que estava, ou com o seu estado físico. Ele encontrou alegria em Jesus Cristo. Por isso, Paulo foi capaz de escrever: "Alegrem-se sempre no Senhor. Novamente direi: Alegrem-se!"

Paulo estava vivendo em um dos piores lugares do mundo inteiro, mas o seu coração estava cheio de alegria e de Jesus. Ele sabia que o Senhor estava com ele durante o seu sofrimento e também sabia que Jesus o livraria daquele lugar de desespero. Deixe-me perguntar uma coisa: como está o seu nível de alegria hoje? Você está sobrecarregada com as preocupações do presente? Está exausta e desesperada, perguntando-se se Deus está, realmente, ouvindo as suas orações? Pois aprenda com o apóstolo Paulo — alegre-se, independentemente das circunstâncias! Deus está com você! Ele ama você e não se esqueceu da sua situação, ainda que esteja atolada até a cintura em dívidas, doenças, problemas conjugais, vícios, depressão, medo... Deus é poderoso para libertá-la de qualquer uma dessas situações. Mesmo que seu filho esteja lutando contra alguma doença ou vício; mesmo que os seus filhos, já crescidos, tenham se afastado do Senhor; ou mesmo que você tenha ouvido que não pode mais ter filhos, apesar de desejar isso, saiba: nada é impossível para Deus (Lucas 1.37). Portanto, alegre-se! Louve ao Senhor! Declare a vitória mesmo antes de vê-la!

Costumávamos cantar uma música no acampamento, que dizia: "Louvai-o / Louvai-o / Louvai-o de manhã / Louvai-o ao meio-dia / Louvai-o / Louvai-o / Louvai-o ao pôr do sol." Isso significa que devemos louvar ao Senhor todo o tempo, não é? Logo, esta é a sua missão — louvar a Deus o dia inteiro! Você pode ensinar essa letra aos seus filhos, para que vocês possam cantá-la todas as manhãs antes do café da manhã, ou a caminho da escola. Deixe que a sua família a veja louvando ao Senhor e envolva todos nisso, sempre que puder. Ou, como incentivou o apóstolo Paulo: "Alegrem-se sempre no Senhor. Novamente direi: Alegrem-se!"

BEIJOS DO CÉU

Este é o dia em que o SENHOR agiu;
alegremo-nos e exultemos neste dia.
Salmo 118.24

DO SEU CORAÇÃO PARA O CÉU

Pai, ajuda-me a nunca esquecer quem tu és e a nunca permitir que as minhas circunstâncias determinem a minha alegria. Eu te amo, Deus, e sou muito grata por mais um dia em que posso me alegrar em ti! No poderoso nome de Jesus, amém.

Capítulo 26

FÉ LOIRA

Tenho muito orgulho das minhas filhas, Abby e Ally. Ambas são moças lindas e inteligentes, e me sinto honrada por ser mãe delas. Claro que, como todos nós, elas, ocasionalmente, têm um momento não tão inteligente que acaba entrando no "arquivo de histórias engraçadas da família Adams", que nós, frequentemente, abrimos para compartilhar — apenas por brincadeira, obviamente. Um desses momentos aconteceu há pouco tempo, quando as meninas e eu saímos à noite, em Hollywood.

Estávamos exaustas depois de uma semana inteira ajudando Ally a se mudar para um novo apartamento, e então decidimos sair para jantar e fugir das caixas de mudança e de toda aquela bagunça. Depois que terminamos a nossa sobremesa — de chocolate, obviamente —, fomos para o estacionamento, prontas para encerrar a noite. Nem bem entramos no elevador e Abby apertou o botão quando, de repente, Ally soltou um suspiro dramático de frustração.

— Esperem, não podemos usar esses elevadores — Ally falou, apontando para uma placa perto do quadro de botões.

Cansadas demais para contrariá-la, Abby e eu a seguimos até o outro lado, onde havia mais elevadores.

— Ah, não! — disse Ally, visivelmente chateada. — Também não podemos usar esses elevadores! Eles também são exclusivos para bombeiros.

Abby e eu nos entreolhamos e procuramos a tal placa, para ver se ela estava falando sério.

É verdade que Ally é minha filha loira, mas ela, definitivamente, não é uma "loira burra", o que tornou esse incidente ainda mais engraçado.

— Ally, a placa não diz que os elevadores são exclusivos para bombeiros — Abby explicou entre risos. — Ela diz que os elevadores não devem ser usados em casos de incêndio!

Ao ouvir isso, Ally leu com atenção a placa que mostrava o desenho de uma chama vermelha e disse:

— Ah, bom saber.

A lição aqui? Precisamos ler com atenção as placas, mapas, currículos, instruções, receitas e assim por diante, em vez de simplesmente supor que sabemos o que está escrito. Caso contrário, podemos passar a vida subindo escadas, quando poderíamos usar o elevador.

Esse episódio de Ally me fez pensar sobre como fazemos isso com as informações mais importantes que temos à nossa disposição: a Palavra de Deus. Eu me pergunto quantos cristãos, provavelmente, supõem saber o que diz a Bíblia, em vez de realmente tirar tempo para ler as Escrituras, fazendo, dessa maneira, suposições equivocadas e seguindo a direção errada devido à desinformação. Quantas vezes já negligenciei a Bíblia, simplesmente, por julgar que "sei" o que ela diz, quando, na verdade, tudo o que eu precisava era desacelerar, abrir a Palavra e meditar nas suas preciosas promessas? Quantas vezes você já fez a mesma coisa?

Como mães, quer nossos filhos sejam pequenos ou crescidos, precisamos de toda ajuda possível, e essa ajuda é encontrada na Palavra de Deus. Não podemos, simplesmente, supor que sabemos o que a Bíblia diz e apenas passar os olhos, lendo atentamente apenas os "destaques". Esse tipo de abordagem nos oferece verdades parciais e nos faz tomar conclusões equivocadas, como a minha querida Ally fez com os elevadores. Confie em mim; as consequências serão muito piores do que subir alguns lances de escada, em vez de usar o elevador. Nós recebemos do Senhor filhos preciosos, a quem devemos orientar e, sem dúvida, precisamos da sabedoria encontrada nas páginas da Palavra de Deus para cumprirmos tão importante chamado. Portanto, separe um tempo para as Sagradas Escrituras, hoje e todos os dias. As suas promessas são tão doces quanto uma sobremesa de chocolate. Hummm...

BEIJOS DO CÉU

Toda a Escritura é inspirada por Deus e útil para o ensino, para a repreensão, para a correção e para a instrução na justiça, para que o homem de Deus seja apto e plenamente preparado para toda boa obra.
2Timóteo 3.16-17

DO SEU CORAÇÃO PARA O CÉU

Pai, ajuda-me a me apaixonar pela tua Palavra, para que eu a deseje tanto quanto desejo chocolate. E, Pai, ajuda-me a encontrar tempo para estudar de verdade as tuas promessas para a minha vida. No poderoso nome de Jesus, amém.

Capítulo 27

DESACELERE

Passei apressada pelo meu pai carregando uma pilha de roupa suja. Alguns segundos depois, passei de novo, na direção contrária, com uma cesta cheia de roupa limpa. Alguns minutos depois, eu estava vasculhando a gaveta da minha escrivaninha, à procura de uma tesoura para embrulhar os presentes de aniversário de Allyson, tudo isso enquanto aguardava na linha para falar com a padaria local.

— Sim, quero um bolo de princesa rosa e lilás — eu disse, afobadamente. — Com as palavras "Feliz Aniversário, Allyson..."; Allyson tem dois "l" e é escrito com "y".

Assim que terminei a ligação, olhei para cima e dei de encontro com o olhar de reprovação do meu pai.

— Você está muito ocupada, querida — ele disse, sentado na poltrona da minha sala de estar enquanto assistia a um programa de perguntas e respostas na TV. — Você precisa desacelerar e aproveitar um pouco mais a vida.

Ele estava certo.

Naquele momento, percebi que estava ignorando completamente o meu precioso pai a fim de cumprir todas as tarefas da minha longa lista de afazeres daquela manhã. Tudo o que o meu pai queria que eu fizesse era sentar com ele para aproveitarmos a companhia um do outro. Foi isso, então, que fiz. Eu sabia que podia embrulhar os presentes depois; que sempre haveria roupa suja para lavar; e que podia retornar as ligações mais tarde.

Então, peguei a minha mantinha preferida, me encolhi no sofá e assisti ao programa ao lado do meu pai, dando respostas como se eu estivesse concorrendo no programa. Nós rimos, conversamos e torcemos pelo nosso concorrente preferido antes de irmos até a cozinha para um lanchinho da manhã — cookies de chocolate e café. Fiquei muito feliz por não ter perdido esse tempo especial com meu pai por causa de uma simples lista de afazeres que nem eram tão urgentes assim.

O papai faleceu alguns meses depois, no dia 8 de maio de 2004. E eu daria qualquer coisa para poder passar outra manhã como aquela com ele, simplesmente despreocupada ao seu lado, aproveitando sua companhia e rindo de coisas triviais. Contudo, as suas palavras sábias permanecem comigo até hoje.

Quando estou escrevendo sem parar, tentando cumprir o prazo de um livro, quando tento limpar a casa inteira e organizar os armários das meninas ou resolvo cumprir todas essas tarefas de uma vez só (sim, acredito que sou multitarefas!), lembro-me das palavras do meu pai: "Você está muito ocupada, querida... Você precisa desacelerar e aproveitar um pouco mais a vida."

E é o que eu tenho feito.

As listas de afazeres sempre existirão, mas momentos especiais com aqueles que amamos podem passar muito rápido. Quanto mais velha eu fico, mais compreendo a sabedoria nas palavras do meu pai. Desacelerar não é uma coisa ruim — é uma coisa boa. Existe um ditado que diz: "Tenha tempo para admirar as flores." Esse ditado existe há tanto tempo porque é verdadeiro. A vontade de Deus nunca foi que vivêssemos apressados. Precisamos apreciar a jornada. Celebre todos os dias — e não apenas as vitórias — na vida de seus filhos. Precisamos parar de desperdiçar a nossa vida sempre esperando pelo próximo grande acontecimento ou fase. Viva o agora.

Portanto, assista a um programa de televisão com seus pais idosos. Jogue um jogo de tabuleiro com os seus filhos. Faça uma longa caminhada romântica com o seu marido. Separe um tempo hoje e todos os dias para, simplesmente, aproveitar a vida — e talvez, também, um belo cookie de chocolate.

 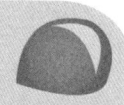

BEIJOS DO CÉU

Vocês nem sabem o que lhes acontecerá amanhã! Que é a sua vida? Vocês são como a neblina que aparece por um pouco de tempo e depois se dissipa.
Tiago 4.14

DO SEU CORAÇÃO PARA O CÉU

Pai, sei que me permito ficar ocupada demais perdendo, muitas vezes, momentos especiais com pessoas amadas. Sei que fico tão tomada pela lista de afazeres que deixo de apreciar a beleza à minha volta. Eu peço, então, que tu me ajudes a priorizar as coisas melhor e desacelerar o suficiente para aproveitar mais a vida. Obrigada por me amar e por ter me dado uma vida tão maravilhosa para aproveitar. No poderoso nome do teu Filho, Jesus, amém.

Capítulo 28

ELES A ELOGIARÃO

Quando eu estava me sentando para escrever um devocional sobre Provérbios 31.28 (o texto que fala sobre a mulher virtuosa: "Seus filhos se levantam e a elogiam"), meu telefone tocou. Era uma mensagem da minha filha mais nova, Allyson, que está se formando em Desenvolvimento de Produtos no Fashion Institute of Design & Merchandising, em Los Angeles.

Ao olhar para a mensagem, percebi como ela era grande, o que não é característico de Ally. As suas mensagens, normalmente, consistem de muitos emojis e, no máximo, duas linhas. Torci para que estivesse tudo bem.

Estava.

Ela escreveu: "A propósito, eu nunca havia percebido DE VERDADE o quanto sou abençoada por ter você e o papai. Sabia que eu era grata por ter vocês dois, mas conversamos sobre o valor médio da dívida de jovens que estão se formando na faculdade, sobre como a maioria deles não consegue pagar nada e já começa a vida profissional pagando os empréstimos estudantis. O fato de vocês pagarem a minha faculdade é a coisa mais incrível. E, além disso, vocês pagam o meu aluguel, a minha comida, as minhas contas etc. Sou tão grata por ter você e o papai (e a vovó)! É inacreditável como vocês são bons para mim e para Abby. Eu estava sentada ali na aula, enquanto todos falavam das dívidas que já têm e de como eles não têm dinheiro para nada. Alguns precisam trabalhar em até quatro empregos. Eu me senti muito mal por eles. Fiquei com vontade de chorar ao perceber como vocês são maravilhosos. Eu nunca tinha me dado conta do quão abençoada sou. Então, muito, muito, muito, muito, muuuuito obrigada. Tenho que agradecer ao papai também. Te amo!"

A sua mensagem me fez chorar. Estava, realmente, acontecendo — as minhas filhas estavam, finalmente, se levantando para me elogiar! Deixe-me dizer, houve dias, durante a adolescência das meninas, em que pensei que nunca chegaríamos a este ponto — dias em que as declarações como "Eu te odeio! Você é a pior mãe do mundo!" partiam o meu coração. É claro que eu sabia que as minhas filhas não se sentiam assim, de verdade, e que aquilo era apenas desabafo de adolescente contrariada. Mesmo assim, é difícil ouvir esse tipo de coisa quando você já está questionando a sua capacidade de ser mãe.

Acho que toda mãe passa por essas fases, em que nos questionamos se somos, realmente, capazes de criar os filhos que tivemos. Nesses dias difíceis, precisamos nos firmar na Palavra de Deus e nas suas promessas, e temos que saber, independentemente de qualquer coisa, que Deus nos chamou e nos capacitou para sermos mães maravilhosas.

Portanto, sigam firmes, minhas companheiras mamães! A sua recompensa será grande! Agora que as minhas filhas estão com 20 e 22 anos, eu sou testemunha de que as coisas só melhoram. Já não tenho apenas duas filhas, mas, também, duas melhores amigas e irmãs em Cristo. Temos longas conversas sobre planos de carreira, amor, Deus e sobre quantas calorias tem um Donut de chocolate. Fico constantemente impressionada com a sua maturidade espiritual, as suas personalidades hilárias e, simplesmente, com o quanto são maravilhosas.

Abby, minha filha mais velha, me enviou esta mensagem, algumas semanas atrás, depois que tivemos uma daquelas conversas espirituais profundas por telefone na noite anterior: "Eu te amo, mãe, e sei que você já sabe disso, mas eu realmente precisava ouvir tudo o que você disse hoje à noite e sou muito grata por ter uma mãe tão maravilhosa, espiritualmente madura e forte como você! Você é realmente a minha melhor amiga e eu a admiro por tantas coisas. Espero e oro para que um dia eu seja metade da mulher e mãe que você é. Te amo muito e mal posso esperar para ir para casa na quarta-feira. Ab."

Isso é que é ver o maravilhoso texto de Provérbios 31.28 ganhar vida! Eu sou uma mamãe abençoada — e você também é!

BEIJOS DO CÉU

Os filhos são herança do SENHOR,
uma recompensa que ele dá.
Salmo 127.3

DO SEU CORAÇÃO PARA O CÉU

Pai, obrigada pelos meus filhos. Ajuda-me a lembrar-me das tuas promessas nos dias em que for realmente difícil ser mãe. Eu te amo, Senhor, e sou muito grata por ter sido chamada para ser mãe. No poderoso nome de Jesus, amém.

Capítulo 29

QUÁ, QUÁ, QUÁ...

Se você já assistiu a *Saturday Night Live* (SNL), então já viu um esquete de Debbie Downer. É muito engraçado! A personagem Debbie (interpretada por Rachel Dratch) é aquela pessoa que sempre traz negatividade e más notícias a uma reunião social, piorando, dessa forma, o humor de todos que estão presentes.

Em um esquete do SNL, por exemplo, Debbie Downer está no lugar mais feliz do mundo — a Disneylândia — com a sua família tomando café da manhã com o Mickey, quando eles começam a conversar.

— Bom dia! Bem-vindos ao café da manhã com o Mickey! Meu nome é Billiam e eu estarei servindo vocês hoje. Vocês estão aqui para uma ocasião especial?

— Bem, estamos aqui naquele novo pacote familiar "Encontros Mágicos" — disse um dos irmãos. — Temos o clã dos McKusick de Ohio, certo, pessoal? Digam oi!

— Oi!

— Ótimo — disse o garçom. — Deixe-me dizer qual é o menu do Mickey de hoje. Temos bife com ovos servidos com batatas fritas e waffles do Mickey.

— Uhul! — disse o outro irmão. — Eu amo bife com ovos!

— Desde que descobriram a doença da vaca louca nos Estados Unidos, eu não arrisco. A doença pode permanecer no seu corpo por anos até destruir o seu cérebro.

A câmera, então, dá um zoom no rosto de Debbie, e o efeito sonoro "Quá, quá, quá" dispara.

Debbie tinha até uma música-tema:

— Você está aproveitando o seu dia, tudo está indo bem, quando chega Debbie Downer. Sempre presente para falar sobre uma nova doença, um acidente de carro, ou abelhas assassinas. Você lhe implora que pare: "Debbie, por favor!", mas não dá para calar Debbie Downer.

Se formos sinceros, reconheceremos que há uma Debbie Downer em toda família. (Espero que não seja você!) E uma Debbie Downer é suficiente para acabar com o humor de toda uma família. Antes que você se dê conta, todos estão de mau humor.

As minhas duas filhas sempre foram muito felizes, mas, com o passar do tempo, Abby desenvolveu uma tendência a se preocupar. As suas piores crises de preocupação geralmente aconteciam durante o trajeto de 45 minutos até a ginástica. Eu sabia exatamente quando a transformação estava prestes a acontecer e nem precisava de um efeito sonoro, como "quá, quá, quá", para me avisar. Abby começava a suspirar.

A preocupação está enraizada no medo, e sei, através da Palavra de Deus, que o amor lança fora todo medo. Logo, quando Abby começava a suspirar, eu fazia questão de lhe demonstrar todo o meu amor. Eu dizia tudo o que amava nela, desde os seus pezinhos gorduchos até os seus grandes olhos verdes. Ela sempre agia como se não gostasse de toda aquela atenção positiva, mas, no fundo, sei que ela gostava, pois os suspiros diminuíam.

Depois, eu transferia a nossa atenção para Deus e passávamos a citar todos os motivos pelos quais nós o amávamos. E, então, colocava um CD de louvor e adoração, e cantávamos com todo o nosso fôlego. O CD preferido de Abby era *Covenant Woman* (Mulher da aliança), de Janny Grein.

Ela e Ally cantavam entusiasmadas as letras: "Os meus pés estão plantados na Palavra / Estou firme nas promessas que escutei / Assinadas, seladas e entregues pelo sangue do Cordeiro / Não sou movida pelo que sinto, sou movida apenas pela Palavra que é verdadeira / A Palavra ganhou vida / Veio até mim / Eu sou uma mulher da aliança..."

Adivinhe! Você não pode ser uma mulher da aliança e uma Debbie Downer ao mesmo tempo! Portanto, Abby parava de suspirar e a sua alegria voltava. Isso funcionava todas as vezes.

Portanto, se você tem uma Debbie Downer morando em sua casa, está na hora de promover um festival de amor e adoração! Como mães, definimos o clima em nosso lar, e isso também vale para quando estamos no carro. Assuma, então, o comando e leve a alegria de volta à sua família. Aliás... Eu já falei que um pouco de sorvete de chocolate é sempre bom, também?!?

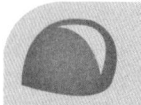 

BEIJOS DO CÉU

O coração ansioso deprime o homem,
mas uma palavra bondosa o anima.
Provérbios 12.25

DO SEU CORAÇÃO PARA O CÉU

Pai, enche a minha família com mais amor e mais alegria. Tu és um Deus maravilhoso! No poderoso nome de Jesus, amém.

PIRRAÇAS DE CHOCOLATE...

É DIFÍCIL APRENDER A CONFIAR EM DEUS QUANDO SE É MÃE

MINHA TIA TAMMY REUTER

Quando se mora em uma cidade pequena, não demora muito para que as pessoas saibam de tudo — principalmente se envolver chocolate. Talvez por isso Jeanie, a sogra da minha tia Tammy, seja famosa em Lawrence County, Indiana. A sua maravilhosa torta de chocolate lhe conferiu o status de celebridade naquela região.

As tortas de chocolate de Jeanie Reuter se tornaram destaque nas reuniões sociais de sua igreja. Elas eram as primeiras a acabar; então, se alguém quisesse um pedaço, era melhor correr para a mesa de sobremesas. Um dos bombeiros da cidade, que frequentava a mesma igreja, gostava muito das tortas de chocolate de Jeanie. Ele sempre dizia: "Ninguém faz uma torta de chocolate como ela!"

Ele faleceu em 2014, e, durante o jantar da família na igreja, Jeanie preparou uma torta de chocolate especial em sua memória. A viúva escreveu um bilhete de agradecimento a Jeanie, dizendo: "Obrigada por fazer a última torta de chocolate para o Dennis. Eu tive de comer um pedaço por ele."

A TORTA DE CHOCOLATE DA JEANIE

2 ovos

1¼ de xícara de açúcar

⅓ de xícara de chocolate em pó

5 colheres de sopa de amido de milho

1¾ de xícara de leite

¾ de xícara de creme de leite

1 colher (chá) de essência de baunilha

1 massa folhada preparada segundo as instruções da embalagem, numa forma de ± 20cm.

Bata as gemas dos ovos; adicione açúcar, chocolate em pó, leite, amido de milho e o creme de leite. Cozinhe até engrossar. Adicione a essência de baunilha. Despeje sobre a massa de torta cozida. Cubra com merengue* ou chantilly.

*Faça qualquer receita de merengue a sua preferência.

Capítulo 30

DEUS ESTÁ AGINDO

Você sabia que Deus, muitas vezes, trabalha mais quando menos percebemos?

Ao refletir sobre o meu passado, vejo que isso é verdade. As vezes em que parecia que tudo estava perdido, ou nos momentos em que tive a impressão de que Deus havia tirado férias, foram as situações em que o Senhor mais estava trabalhando nos bastidores a meu favor. Descobri que o nosso tempo não é sempre como o tempo de Deus. Na verdade, o nosso tempo quase nunca é como o tempo de Deus. Somos uma sociedade do imediato, do "eu quero agora". Queremos orar e ter uma resposta de Deus até o meio-dia. Isso não seria ótimo?

Bem, Deus não costuma trabalhar dessa forma.

Observe Noé. Ele seguiu a direção de Deus e construiu uma arca, embora nunca houvesse chovido antes. Em seguida, ele seguiu as instruções divinas e reuniu um casal de cada animal, com os quais começou a encher o grande barco. Finalmente, ele e sua família embarcaram e... começou a chuva.

Você conhece a história. Provavelmente já a leu para os seus filhos muitas vezes. Choveu por quarenta dias e quarenta noites, e Noé e sua família foram os únicos seres humanos poupados. No entanto, o passeio de barco durou muito mais tempo do que quarenta dias. Ele continuou durante vários e vários meses! Reflita sobre isso por um momento. Noé e sua família em um barco com vários animais fedidos por meses a fio, sem terra à vista. Dá para imaginar a sua esposa dizendo: "Ótimo plano, Noé. Onde está a terra? Deus não falou por quanto tempo teríamos que flutuar por aí com um monte de animais fedorentos?"

Além disso, tenho certeza de que eles não tinham chocolate no barco para ajudá-los a enfrentar os dias mais difíceis!

Todos os dias, Noé olhava pelas janelas da arca e tudo o que conseguia enxergar era água por todos os lados. Noé, então, soltou um pássaro, na esperança de conseguir uma prova de que havia surgido terra em algum lugar. Porém, o primeiro pássaro voltou com o bico vazio. Parecia que Deus havia se esquecido deles. Será que estariam condenados a flutuar por aquela arca para sempre? Deus, porém, estava trabalhando através do vento, diminuindo o nível de água a cada dia — mesmo nos dias em que Noé observava aquele verdadeiro oceano por todos os lados e se perguntava se Deus realmente se importava com eles. Com o tempo, eles atingiram terra firme e Noé e sua família saíram da arca para viver uma nova vida e um novo começo. "O vento" estava, realmente, trabalhando, e a promessa foi cumprida!

Então, aqui vai a minha pergunta para você: Você está no meio de uma viagem muito longa de arca? Você está se perguntando se Deus está prestando atenção no que está acontecendo na sua vida? Você tem orado para que seu filho volte para o Senhor, mas, mesmo assim, parece que ele está mais rebelde do que nunca? Ou você tem orado para que Deus faça com que seus filhos parem de brigar e comecem a agir como irmãos amorosos, para que você possa parar de agir como árbitro entre eles? Assim como Noé, você sabe que tem sido obediente à direção de Deus; porém, só vê água por todos os lados. Não desanime. Pelo contrário, alegre-se! Há terra à vista! Deus não se esqueceu de você! Ele está trabalhando nos bastidores! Alegre-se hoje — mesmo que não consiga ver nenhuma mudança. Isso apenas significa que Deus está realmente fazendo alguma coisa!

BEIJOS DO CÉU

Mas eu confio em ti, SENHOR, e digo: Tu és o meu Deus. O meu futuro está nas tuas mãos.
Salmo 31.14-15

DO SEU CORAÇÃO PARA O CÉU

Pai, não entendo por que estou nesta longa jornada na arca, mas confio que tu estás trabalhando nos bastidores pelo meu bem. E, em fé, eu te louvo por agir em minha vida, apesar de não ver nenhuma mudança positiva com meus olhos naturais. Estou animada em relação ao meu futuro e sei que o "vento" está trabalhando em minha vida neste exato minuto. No poderoso nome de Jesus, teu Filho, amém.

Capítulo 31

RESISTINDO ÀS
TEMPESTADES DA VIDA

Nunca falhava. Com o primeiro barulho de trovão, Abby e Allyson subiam em nossa cama para se enroscar em nós. Normalmente, elas subiam na cama e imploravam ao papai que colocasse desenhos animados e à mamãe que fizesse chocolate quente, pois essa era a nossa rotina nas noites de "tempestades assustadoras". Quando eram pequenas, as meninas tinham muito medo de tempestades. É claro que, em sua defesa, as tempestades do Texas são realmente apavorantes, e até eu me assustava um pouco na época em que moramos em Fort Worth. A minha mãe chamava essas tempestades de "dilúvios".

Eu me solidarizava com minhas filhas, porque também morria de medo de tempestades quando era criança. Lembro-me de cobrir a cabeça com meu saco de dormir e orar: "Deus, por favor, faz essa tempestade ir embora!"

Atualmente me pego fazendo a mesma oração quando as tempestades da vida se tornam muito assustadoras. Quando Allyson lutou contra a anorexia no seu último ano de escola, orei a Deus que desse fim àquela tempestade. Embora estivesse sendo tratada por um terapeuta especializado em atletas com distúrbios alimentares, ela não parecia estar melhorando nem um pouco. Minha filha se transformou de uma animadora de torcida de 55 quilos, cheia de energia e animação, em um esqueleto de menina de 40 quilos, que não tinha força nem para dar uma cambalhota. Ally se tornou assunto em nossa pequena cidade, e muitas das palavras que ouvíamos eram dolorosas para ela e para toda a nossa família. Cada palavra parecia outro raio, outro estrondo de trovão. Tudo o que eu queria era que ela melhorasse e que os cochichos tivessem fim. Eu queria que Ally percebesse que ela era uma preciosa filha de Deus, e que ele tinha um plano bom para a sua vida, de acordo com Jeremias 29.11. Porém, por mais que quisesse isso, eu não podia fazer com que acontecesse. Não podia obrigá-la a comer. E não podia, infelizmente, fazê-la ficar boa.

Quando começamos a planejar tirá-la da escola, em pleno ano letivo, para enviá-la a uma clínica chamada Rancho Remuda para tratamento intensivo, as nuvens escuras se afastaram o suficiente para que pudéssemos ver um raio de sol. Ally começou a melhorar de maneira surpreendente. Deus interveio! As nossas orações foram respondidas! A tempestade havia passado!

Nunca vou me esquecer da última consulta de Abby com o seu terapeuta, naquela primavera. Ele disse:

— Eu gostaria de poder pegar e guardar em um frasco o que fez Ally ter essa reviravolta tão grande.

Apenas sorri e disse:

— Bem, você não pode guardar em um frasco, mas pode acessá-lo: Deus. Ele é o motivo de Ally ainda estar conosco e totalmente curada.

— Nós dizemos "remissão" — ele disse.

— Nós dizemos "cura" — respondi, agradecendo por tudo o que ele havia feito.

Aquela tempestade se arrastou por mais tempo do que gostaríamos?

Sem dúvida.

Eu preferiria que essa tempestade tivesse passado direto por nós?

É claro!

No entanto, em meio às tempestades mais assustadoras da vida — quando a saúde dos nossos filhos está em risco, quando não temos dinheiro para a comida, quando o nosso marido diz que não nos ama mais —, Deus está conosco. Ele promete nunca nos abandonar ou desamparar. É verdade que o Senhor nem sempre dá um fim à tempestade da maneira que gostaríamos, ou tão rápido quanto gostaríamos, mas ele sempre age. Tudo o que precisamos fazer é ter fé. Portanto, saia debaixo das cobertas e invoque aquele que tem poder para acalmar as tempestades da sua vida e da vida dos seus filhos. Deixe que ele a cubra de paz hoje!

BEIJOS DO CÉU

Os discípulos foram acordá-lo, clamando: "Mestre,
Mestre, vamos morrer!" Ele se levantou e
repreendeu o vento e a violência das águas;
tudo se acalmou e ficou tranquilo.
Lucas 8.24

DO SEU CORAÇÃO PARA O CÉU

Senhor, obrigada por acalmar as tempestades da minha vida e por trazer paz em todas as situações. No poderoso nome de Jesus, amém.

FÉ DE CACHORRO

Você já ouviu a teoria de que as pessoas acabam escolhendo uma raça de cachorro que se assemelha a elas? Bem, tenho que admitir que isso é verdade em relação a mim.

Sou a orgulhosa "mamãe" de uma pequena bassê de pelos compridos, chamada Mollie Mae. Ela tem pernas curtinhas e um nariz avantajado. Sim, eu compartilho dessas mesmas características físicas. (Você está verificando o seu cachorro agora, não é mesmo?) E, infelizmente, Mollie também ama chocolate, assim como a sua mamãe, e chocolate faz muito mal para cachorros. Tenho que esconder as minhas barras em lugares altos para que Mollie Mae não alcance. Sim, a minha bassê e eu somos muito parecidas.

Porém, quando se trata do reino espiritual, todas nós devemos ser parecidas com buldogues ingleses. A professora de teologia Kate McVeigh disse, certa vez, que os cristãos devem ter uma fé de buldogue. Ela disse: "O buldogue só sabe de uma coisa. Aquele osso é dele e ele vai pegá-lo." Além disso, o buldogue não larga o osso — não importa o que aconteça.

Você sabia que os músculos da mandíbula do buldogue inglês são tão fortes quanto os músculos de qualquer atleta e que, quando morde alguma coisa, ele trava a sua mandíbula? Na verdade, a força da mordida de um buldogue inglês pode passar de 138 quilos de pressão.

Adivinhe! É exatamente assim que devemos ser em relação à nossa fé, especialmente como mães cristãs. Não se trata apenas de nós mesmas e da nossa fé; trata-se, também, de nossos filhos e da fé deles. E cabe a nós garantirmos que nossos filhos sejam criados conhecendo, amando e servindo a Deus.

É claro que sei que isso nem sempre acontece, mesmo quando a criança é criada em um lar cristão, mas nós temos uma promessa: "Instrua a criança segundo os objetivos que você tem para ela, e mesmo com o passar dos anos não se desviará deles" (Provérbios 22.6). Essas são boas notícias!

Portanto, mesmo se você estiver lendo isso agora e o seu filho adolescente ou a sua filha adulta estejam afastados de Deus, não perca a fé! Firme-se em Provérbios 22.6 e comece a louvar ao Senhor por seu filho ou filha serem homens e mulheres de Deus — mesmo que você não veja isso com seus olhos naturais. Tenha a fé de um buldogue! Trave a sua mandíbula nessa promessa e não a largue! Ela é sua!

Tenho mais alguns incentivos para você, Marcos 11.23-24 diz: "Eu lhes asseguro que se alguém disser a este monte: 'Levante-se e atire-se no mar', e não duvidar em seu coração, mas crer que acontecerá o que diz, assim lhe será feito. Portanto, eu lhes digo: Tudo o que vocês pedirem em oração, creiam que já o receberam, e assim lhes sucederá."

Em outras palavras, você precisa crer que o seu filho está livre das drogas, mesmo que isso ainda não tenha acontecido. Você precisa crer que a sua filha voltará para o Senhor, mesmo que pareça que ela endureceu o coração para questões que envolvam você e qualquer coisa que tenha relação com a fé. Você precisa crer que o seu filho que está vivendo e trabalhando em outro país está seguro e protegido, mesmo que você não tenha notícias dele há várias semanas.

Trave a sua fé em qualquer promessa de Deus para a sua vida ou para a vida dos seus filhos e não solte até obter o resultado desejado! Rosne na cara da adversidade e desenvolva a sua fé de buldogue. Os nossos filhos estão contando conosco!

BEIJOS DO CÉU

*Ora, a fé é a certeza daquilo que esperamos e
a prova das coisas que não vemos.*
Hebreus 11.1

DO SEU CORAÇÃO PARA O CÉU

Pai, quero ter o tipo de fé de buldogue que é necessário
para crer nos milagres de que preciso na minha família,
sem desistir. Ajuda-me, Senhor, a me agarrar e firmar
na tua Palavra. Entrego os meus filhos a ti, Senhor, e te
louvo por eles terem uma grande fé! Eu te amo e confio
em ti. No poderoso nome de Jesus, amém.

Capítulo 33

ESPERANÇOSAMENTE DEVOTADA

Quando eu estava passando uns dias no apartamento da minha filha Allyson, em Los Angeles, no ano passado, decidimos assistir a um filme, comer *cupcakes* de chocolate e aproveitar uma "noite das meninas". Só havia um problema — não conseguimos encontrar um filme que quiséssemos alugar.

Quando eu estava prestes a desistir da noite de filmes, Ally pegou o controle remoto e começou a procurar por um filme na lista de programas gravados na sua televisão até, finalmente, parar em *Grease — Nos tempos da brilhantina.*

— De jeito nenhum! — protestei, como se tivesse acabado de ser escalada para contracenar com John Travolta. Cresci — como, provavelmente, boa parte das leitoras — assistindo a *Grease*, com Travolta e Olivia Newton-John.

A minha cena preferida? Amo quando Olivia, linda e inocente, com uma simples camisola, caminha pelo quintal dos fundos, cantando *Desesperadamente devotada a você.*

Desesperadamente devotada...

O Dicionário On-line define *Devoção* como "dedicação diligente e criteriosa; sentimento religioso; vontade de servir a Deus".

A devoção é um traço de caráter muito nobre, algo que as mães conhecem bastante. Nós podemos ver lampejos de devoção na vida diária. E, se passarmos bastante tempo lendo a Palavra de Deus, definitivamente encontraremos exemplos de devoção — especialmente na história da cruz.

Jesus era devotado ao Pai; tanto que ele estava disposto a morrer a fim de cumprir o plano de salvação de Deus, para que pudéssemos passar a eternidade com ele. E, embora alguns seguidores de Jesus tenham se afastado dele por medo de serem crucificados também, as mulheres não o negaram.

As mulheres. As mães. Elas ficaram.

Lemos, em João 19.25, que Maria, a mãe de Jesus, a tia de Jesus, Maria, a mulher de Clopas, e Maria Madalena permaneceram aos pés de Cristo na cruz, embora estivessem se incriminando apenas por estarem ali.

Elas eram devotadas a ele. Amavam a Jesus mais do que a si mesmas. Aquelas mulheres estavam dispostas a ficar com ele até o fim. Apesar de já ter lido essa passagem nas Escrituras muitas vezes, da última vez que a li, fiquei pasma com a devoção daquelas mulheres. Perguntei-me se "eu ficaria aos pés da cruz, sabendo que poderia ser severamente castigada por demonstrar o meu amor e apoio a Jesus. Será que eu teria tido tanta devoção?"

Você teria?

Você é devotada a Jesus? Você ama a ele mais do que a si mesma? Agora, uma difícil: Você ama a Jesus mais do que aos seus filhos? E confia os seus filhos a ele, de verdade? Acho essa pergunta difícil de ser respondida, principalmente agora, que as minhas filhas estão crescidas e precisam tomar decisões importantes.

A minha filha mais velha, Abby, por exemplo, está se formando em Educação Infantil e, um dia desses, ela perguntou:

— Mãe, sinto que devo fazer uma viagem missionária e trabalhar com crianças no exterior... O que você acha?

A minha carne quis responder: "Bem... não. Vocês têm assistido aos noticiários? Há muitos ataques terroristas acontecendo agora e o alvo deles são os americanos. Por que você não dá aulas na escola dominical da nossa igreja?"

No entanto, como uma mãe devotada a Deus, que confia a ele as minhas filhas, simplesmente respondi:

— Sinceramente, Abby, a ideia de você ir para o exterior agora me assusta muito, mas se você ouviu isso de Deus e sente de maneira muito forte que deve fazer uma viagem missionária, então vamos pesquisar algumas possibilidades.

Enfim, ou temos devoção a Deus ou não temos. Ou confiamos no Senhor ou não confiamos. Portanto, se, assim como eu, você não sabe qual é o seu nível de devoção e está com dificuldade para confiar os seus filhos a Deus, então está na hora de sentar aos pés da cruz e buscar a sua presença.

Ao fazer isso, não ficaremos como Olivia Newton-John, "desesperadamente devotadas" a Jesus; em vez disso, nos tornaremos esperançosamente devotadas.

BEIJOS DO CÉU

Perto da cruz de Jesus estavam sua mãe, a irmã dela,
Maria, mulher de Clopas, e Maria Madalena.
João 19.25

DO SEU CORAÇÃO PARA O CÉU

Pai, eu me devoto completamente a ti. Ajuda-me, Senhor, a confiar os meus filhos a ti, totalmente, e em
todos os estágios da vida deles. No poderoso nome de
Jesus, amém.

Capítulo 34

A VIDA É COMO UMA
CAIXA DE BOMBONS

Nas cenas iniciais do filme *Forrest Gump*, Tom Hanks, que interpreta o personagem-título, está sentado em um banco, com uma caixa de bombons no colo. Uma mulher, então, se senta ao seu lado.

— Olá. Meu nome é Forrest. Forrest Gump — começa ele. — Você quer um bombom?

A mulher sequer tirou seus olhos da revista.

— A minha mãe sempre disse que a vida é como uma caixa de bombons — ele continua, enquanto mastiga um pedaço de chocolate. — A gente nunca sabe o que vai encontrar.

Há muita verdade nesse pequeno diálogo.

Acho que ser mãe também é muito parecido com uma caixa de bombons. Alguns dias você pega o seu preferido, de chocolate com recheio de nozes carameladas. Em outras ocasiões, você pega algum horrível, com recheio de damasco — isto é, horrível para mim, é claro. Nem todos os dias podem ser de chocolate com recheio de nozes carameladas. Não; nós precisamos ter alguns dias de bombom com recheio de damasco, a fim de valorizarmos os dias realmente bons.

Lembro-me muito bem de um desses dias com "recheio de damasco". Deixei Ally, que era adolescente na época, no salão do nosso primo para cortar o cabelo e fazer luzes, enquanto eu participava de um almoço de negócios. Quando o almoço acabou, percebi que o meu marido havia telefonado várias vezes. Ele nunca fazia isso.

— Está tudo bem, amor? — perguntei.

— Bem... O que era para a Ally ter feito no cabelo?

— Ela ia aparar e fazer luzes, por quê? — perguntei, nervosa.

— Bom, então alguma coisa saiu drasticamente errada.

Corri para casa e, quando entrei no quarto de Ally, eu vi. O cabelo dela, que era longo, havia sido cortado em camadas, desfiado como penas de galinha. Atrás, ele ainda estava longo, mas minguado, por causa do picado. Eu simplesmente não conseguia entender o que havia acontecido.

— O seu cabelo quebrou nas pontas? — perguntei.

— Não — respondeu Ally. — Eu gosto assim.

Saí do quarto dela e telefonei para o nosso primo, que é um ótimo cabeleireiro, e descobri o que havia acontecido. Eu sabia que existia uma explicação para aquele corte de cabelo pavoroso. O que aconteceu foi que a minha pequena Barbie resolveu que não queria mais se parecer com uma Barbie e, então, imprimiu uma foto da internet, levou ao nosso primo sem eu saber e disse: "Eu quero o meu cabelo assim." Ele, é claro, achou que eu sabia e tinha permitido.

Ally estava feliz. Eu, não. E tive de castigá-la por mentir e por enganar a mim e ao nosso primo — embora, em minha opinião, aquele cabelo já fosse castigo suficiente. Mais tarde, naquela noite, quando fui desejar boa noite às meninas, perguntei a Ally:

— Querida, por que você quis fazer isso com o seu cabelo?

Ela olhou para mim, com os olhos cheios de lágrimas, e disse:

— Mãe, eu só queria me destacar. Eu só queria me sentir especial, como me sentia no Texas.

Eu nem tinha pensado nisso, porém, de repente, entendi. Nós fizemos as meninas se mudarem do Texas, de volta para Indiana, bem no meio do ensino médio, obrigando-as a deixarem as equipes de líderes de torcida, as suas melhores amigas e a sua escola — uma escola onde elas eram populares e conheciam todo mundo. Ally não estava se adaptando tão bem quanto eu esperava.

Eu a abracei e disse que entendia o que ela estava passando. Nós oramos juntas e pedi a Deus que curasse o seu coração e enviasse a ela uma melhor amiga.

Pouco tempo depois, uma menininha linda, de olhos castanhos e com o mesmo corte de cabelo maluco, apareceu em nossa casa. O nome dela era Jill, a nova melhor amiga de Ally. Deus havia respondido às nossas orações.

E ele responderá às suas também.

Portanto, se você estiver tendo muitos dias com "recheio de damasco", não desanime! Um bombom de chocolate com recheio de nozes carameladas está a caminho.

BEIJOS DO CÉU

Meus irmãos, considerem motivo de grande alegria o fato de passarem por diversas provações, pois vocês sabem que a prova da sua fé produz perseverança.
Tiago 1.2-3

DO SEU CORAÇÃO PARA O CÉU

Pai, obrigada pelos dias bons e pelos dias não tão bons, quando podemos ver a tua fidelidade. No poderoso nome de Jesus, amém.

TRUFAS PARA MOMENTOS DE APRENDIZADO...

APRENDENDO LIÇÕES COM NOSSOS FILHOS

MINHA IRMÃ MARTIE MEDLOCK SPAULDING

Designer de interiores e uma cozinheira de mão cheia, a minha irmã parece a Martha Stewart. Já eu... pareço mais com o Jimmy Stewart. Mas, felizmente, Martie é a anfitriã de todas as nossas reuniões familiares e, quando uma tarefa é atribuída a cada um, eu geralmente fico com os pãezinhos e refrigerantes. É impossível errar com esses dois!

Uma das sobremesas preferidas da nossa família é a torta de chocolate francesa da minha avó Medlock, que Martie prepara como ninguém. Embora tortas de chocolate sejam sempre um sucesso, em minha opinião, essa torta de chocolate francesa, em particular, é a sobremesa mais cremosa, sedosa e que derrete na boca de maneira mais maravilhosa que você já comeu em toda a sua vida. Ela é uma torta mais leve, e não tão pesada, o que a torna perfeita para aqueles que não são tão fãs de chocolate — aliás, vamos orar por essa gente!

TORTA DE CHOCOLATE FRANCESA DA VOVÓ MEDLOCK

½ xícara de manteiga
¾ de xícara de açúcar
80 gramas de chocolate amargo cortado em pedaços
1 colher (chá) de essência de baunilha
2 ovos
1 massa folhada preparada segundo as instruções da embalagem, numa forma de ± 20cm

Cobertura:

½ xícara de chantilly adoçado
Raspas de chocolate, se desejar

Asse a massa folhada até dourar. Reserve. Bata a manteiga e o açúcar em velocidade média, até obter uma mistura cremosa. Em uma panela, derreta o chocolate em banho-maria. Depois que o chocolate derretido esfriar um pouco, adicione a essência de baunilha. Adicione na batedeira a mistura de chocolate e essência de baunilha, bata até misturar bem. Adicione um ovo de cada vez, batendo em velocidade média por cinco minutos, raspando as laterais da tigela ocasionalmente. Despeje na massa da torta já fria. Refrigere por, pelo menos, 2 horas antes de servir. Decore com chantilly ou lascas de chocolate.

Capítulo 35

VACAS HOLANDESAS E OUTRAS BÊNÇÃOS

Havia sido um dia daqueles! Um dos cachorros vomitou no tapete da sala. O meu editor cancelou um projeto enorme que havia sido prometido a mim. O ar-condicionado do nosso carro quebrou e, além disso tudo, derramei suco de laranja na minha blusa branca. Tudo o que eu queria era ir para casa, vestir a minha camisola e relaxar na minha poltrona, com uma barra de chocolate e uma Coca-Cola zero.

Você já teve um dia desses?

A minha mente relembrava aquele dia estressante enquanto eu e as meninas voltávamos para casa. Eu estava começando a sentir pena de mim mesma, quando os meus pensamentos foram interrompidos por um grito agudo, vindo do banco traseiro.

— Olha, mamãe! — Ally gritou com alegria.

— O que é, querida? Olhar o quê? — perguntei, olhando pela janela lateral, quando vi um campo cheio de vacas holandesas.

— Olha, mamãe! Uma vaca dálmata! — ela disse.

Levou um tempinho para a minha mente processar o que ela estava dizendo — uma vaca dálmata... Claro, as manchas pretas!

— Ah, você está falando daquelas vacas pretas e brancas no campo? — perguntei, esforçando-me para não rir.

— Aham — ela respondeu, animada.

"As crianças são engraçadas", pensei. "Elas veem as coisas de maneira tão diferente."

Naquela noite, ao colocar a louça suja na máquina de lavar, eu, ainda me sentindo um pouco deprimida por causa do meu péssimo dia, lembrei-me das vacas dálmatas de Allyson. Quanto mais eu pensava sobre isso, mais percebia o quanto poderia ser aprendido com aquele comentário engraçado.

Eu havia olhado pela janela do carro, e tudo o que vi foi um campo cheio de vacas holandesas — algo que eu já havia visto centenas de vezes na vida — e não dei atenção àquilo. E, muito menos, valorizei aquela visão.

Allyson, no entanto, fez o contrário.

Ela olhou para o mesmo campo e se alegrou ao ver as tais vacas dálmatas.

Percebi, então, que fazia muito tempo que eu não ficava verdadeiramente grata por algo que Deus tivesse feito por mim. É claro que eu o louvava um pouco todos os dias durante o meu devocional, mas, com certeza, não procurava por novos motivos para adorá-lo. Em outras palavras, eu não estava procurando campos com vacas dálmatas a fim de dar valor ao Senhor.

Decidi, em meu coração, fazer uma mudança naquele exato momento. — Ajuda-me, Senhor, a ver as coisas como Allyson vê — eu orei. — Ajuda-me a ser rápida para perceber as coisas boas que tu fazes e a ter um coração grato o tempo todo.

Então, comecei a louvar a Deus pelas muitas bênçãos em minha vida. Enquanto eu adorava ao Senhor pelo meu marido temente a Deus, por minhas duas filhas preciosas, por meus maravilhosos pais e sogros, por minha irmã, meu irmão e as suas famílias, e por nossa boa saúde e nossa casa, o nevoeiro, imediatamente, começou a se dissipar.

Ally viu aquelas vacas dálmatas há mais de 15 anos, e eu ainda me lembro delas, frequentemente. Isso significa que louvo a Deus o tempo todo? Bem, digamos que melhorei muito nisso ao longo dos anos. Agora, quando tenho um dia daqueles — quando o cachorro vomita no tapete ou um editor me frustra as expectativas —, eu começo a louvar (e, sim, também como uma barra de chocolate e tomo uma Coca-Cola zero). E, em pouco tempo, o sol volta a brilhar.

Se você tem estado cercada por um "nevoeiro" ultimamente, simplesmente levante as mãos para o Pai e comece a louvá-lo! Antes que você se dê conta, a escuridão se dissipará da sua vida e você será capaz, até, de enxergar algumas vacas dálmatas...

BEIJOS DO CÉU

Tudo o que tem vida louve o SENHOR! Aleluia!
Salmo 150.6

DO SEU CORAÇÃO PARA O CÉU

Deus Pai, eu te louvo neste momento por quem tu és
e por tudo o que fizeste por mim. Tu és um Deus maravilhoso. Obrigada, Senhor, porque tu falas conosco
através dos lábios de crianças. E, Senhor, ajuda-me a
nunca me esquecer das bênçãos em minha vida. No
poderoso nome de Jesus, amém.

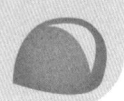

Capítulo 36

NENHUM ESCONDERIJO

Recentemente, as minhas duas filhas entraram de férias na faculdade ao mesmo tempo, algo que raramente acontece. Ouvir as suas risadas vindo do quarto aquecia o meu coração... Mas, quando fui até lá para guardar suas roupas limpas, tive uma sensação bem diferente. Parecia que um furacão havia passado por aquele quarto, mais de uma vez! Isso também trouxe algumas lembranças das minhas meninas e dos seus quartos bagunçados durante a infância — especialmente uma vez, em particular.

Eu estava carregando mais uma cesta de roupa suja para lavar, quando olhei de relance para os quartos de Abby e de Allyson. Foi assustador. Havia bonecas por toda parte. Roupas e sapatos espalhados pelo chão, gavetas abertas com roupas caindo para fora, papéis de balas e restos de barras de chocolate espalhados pelos quartos... (Sim, minhas meninas puxaram à mãe e também amam chocolate!)

Estava na hora de dar um ultimato.

— Muito bem, é o seguinte — eu disse às meninas, que estavam com sete e cinco anos de idade. — Ou vocês arrumam os seus quartos, ou não vamos nadar hoje. E ponto final. Entenderam?

— Sim, senhora — respondeu Abby, e saiu marchando em direção ao seu quarto.

Allyson não disse nada; apenas seguiu sua irmã mais velha.

Alguns minutos mais tarde, Allyson apareceu na cozinha vestindo o seu biquíni laranja com bolinhas amarelas e anunciou:

— Eu acabei!

— Você já terminou de arrumar o seu quarto? — perguntei.

— Aham — ela respondeu. — Venha ver!

Para minha surpresa, o quarto parecia, realmente, arrumado. Quando eu estava prestes a parabenizar Allyson pelas suas incríveis habilidades de organização, ela parou em frente à poltrona que ficava no canto do quarto e disse:

— Só não olhe atrás da poltrona.

A culpa estava estampada no seu rostinho rosado.

Eu não tive escolha. Fui olhar atrás da poltrona e, ao fazer isso, encontrei uma pilha de roupas, pares de sapatos, bonecas e embalagens de doces. Ela tinha sido pega, e sabia disso. Enquanto isso, Abby havia arrumado o seu quarto de verdade e pôde assistir a desenhos animados, enquanto Allyson limpava aquela vergonhosa bagunça atrás da poltrona. Ally reclamou e choramingou ao dobrar as roupas, jogar o lixo fora e guardar as bonecas. O seu pequeno ato de desobediência nos custou uma hora a menos na piscina. Ela se arrependeu, mas o seu arrependimento não traria de volta aquela hora perdida. Foi uma boa lição para ela — e para mim, também.

Refleti sobre quantas vezes, em minha própria vida, eu havia me colocado diante do Pai, dizendo: "Terminei de arrumar. Venha ver, mas não olhe atrás da poltrona, no cantinho escondido do meu coração."

Assim como Allyson pensou que poderia me enganar, pensei que poderia enganar a Deus. E, da mesma forma que a obediência atrasada de Allyson havia lhe custado menos tempo na piscina, a minha havia me impedido de viver na plenitude do Senhor, por mais de uma vez. Toda vez que repito a cena "não olhe atrás da poltrona", Deus simplesmente espera pelo meu arrependimento para, então, me colocar de volta no caminho certo, como se eu nunca tivesse me desviado. Isso graças a sua bondade e misericórdia. Ele fará o mesmo por você. Portanto, vá em frente. Pare de esconder aquelas coisas sujas, fedidas, inúteis e pecaminosas atrás da poltrona do cantinho do seu coração e deixe Deus ajudá-la a ter um começo limpo, hoje. Você não precisa esconder nada do Senhor. Ele já sabe de tudo, de qualquer jeito. Então, por que não começar do zero hoje? Deus está esperando.

BEIJOS DO CÉU

Quem esconde os seus pecados não prospera, mas quem os confessa e os abandona encontra misericórdia.
Provérbios 28.13

DO SEU CORAÇÃO PARA O CÉU

Senhor, estou cansada de esconder as coisas de ti. Hoje mesmo entrego todo o meu coração a ti — até a bagunça atrás da poltrona no cantinho do meu coração. Peço que o Senhor me ajude a seguir em frente em total obediência e integridade e me ajude a ser uma mãe melhor. No poderoso nome de Jesus, amém.

Capítulo 37

FIQUE PERTO DELE

— **Mãe!** — gritou Allyson, quando tinha cinco anos de idade.

Eu estava prestes a começar a fazer os biscoitos de aveia com chocolate da minha mãe quando Ally gritou, o que me fez deixar cair o pote inteiro de aveia na mistura... A receita só mandava colocar duas xícaras.

Era um daqueles gritos que fazem as mães entrarem imediatamente em pânico. Percebi que a sua voz estava vindo do lado de fora, mas não a vi quando olhei pela janela da sala de jantar.

— Depressa, mãe!

Corri para o quintal, com medo de que ela tivesse caído dentro da piscina. Ela não estava ali.

"Ela deve estar no quintal da frente", pensei. "Mas, onde ela está?"

Finalmente, eu a encontrei. Ela estava em cima da árvore que ficava no canto do nosso jardim da frente... E estava presa.

— *Me* ajuda, mãe!

Eu vi o quão alto a minha filhinha havia subido e senti um certo pânico por dentro.

— Só um minuto, querida — respondi. — Estou indo!

Tentando me lembrar de como se escala uma árvore, comecei a subir — devagar, com cuidado e em oração. Finalmente, alcancei o galho em que ela estava e peguei delicadamente a perna dela.

— Vou pegar o seu pé e colocá-lo em cima de mim, Allyson, e quero que você desça, segurando em mim com cuidado.

— Está bem — ela respondeu, chorando.

Quando ela, finalmente, se aproximou o suficiente, agarrou-se a mim como nunca havia se agarrado antes. De galho em galho, descemos a árvore e, durante todo o tempo, ela repetia:

— Sinto muito, mamãe. Sinto muito, mamãe. Sinto muito, mamãe.

Quando chegamos ao chão, em segurança, lembrei a Allyson que ela não teria ficado presa na árvore se tivesse sido obediente. Afinal, ela não podia ir lá para fora sozinha — e, com certeza, não podia subir em uma árvore tão alta, não sem ajuda. Allyson limpou as lágrimas em sua blusa do Piu-Piu, disse que sentia muito, prometeu não fazer aquilo novamente e, então, correu para dentro de casa para assistir aos desenhos animados com a irmã. Depois de me limpar e voltar para a cozinha para tirar a aveia a mais que havia caído na minha massa, não pude deixar de pensar na experiência traumática de Ally naquela árvore e de como isso me lembrava da minha própria caminhada com Deus em vários momentos da vida.

Talvez você também se identifique com isso.

Agimos como bem desejamos; somos desobedientes e, quando ficamos presas na árvore, gritamos:

— Socorro, Deus! Depressa!

Depois que somos resgatadas, nós nos agarramos a ele, chorando e pedindo perdão até chegarmos, sãs e salvas, à terra firme. Então, seguimos com nossa vida até precisarmos de Deus novamente.

Não seria melhor se ficássemos perto de Deus o tempo *todo* — e não apenas quando estamos em apuros? Dessa forma, não precisaríamos gritar para chamá-lo, pois ele já estaria ao nosso lado. Embora fiquemos chateadas quando os nossos filhos tomam decisões erradas e nos desobedecem diretamente, não é irônico o quanto fazemos a mesma coisa com nosso Pai celestial?

Parece que, assim como cuidamos dos nossos filhos, o Senhor cuida de nós. Sou muito grata por ele ser um Deus de graça e misericórdia e porque as suas misericórdias são novas a cada manhã, pois já fiquei presa em uma árvore alta mais vezes do que gostaria de admitir. E você?

Vamos tomar a decisão, hoje, de seguir a Deus e os seus caminhos e dar um bom exemplo aos nossos filhos. Vamos nos aproximar do Senhor, pois a Bíblia diz que se nos aproximarmos dele, ele se aproximará de nós (Tiago 4.8).

BEIJOS DO CÉU

Deus é o nosso refúgio e a nossa fortaleza, auxílio sempre presente na adversidade.
Salmo 46.1

DO SEU CORAÇÃO PARA O CÉU

Pai, ajuda-me a ficar perto de ti o tempo todo — e não apenas quando eu estiver em apuros. Senhor, ajuda-me a ser mais paciente com os meus filhos quando eles forem desobedientes, assim como tu tens misericórdia de mim quando eu faço o mesmo. No poderoso nome de Jesus, amém.

Capítulo 38

A CRISE DO COBERTOR ROSA

— **Não!** — gritou Allyson, aos dois anos, para sua irmã mais velha, Abby.

— Ele é meu! — ela continuou, puxando o seu cobertor de seda branco da mão de Abby. — Meeeeeu!

Abby irrompeu, imediatamente, em lágrimas, jogando-se no chão por puro desespero. Ela, aparentemente, não conseguia encontrar o seu cobertor preferido e sua irmã não queria dividir o dela. Antes que eu pudesse intervir, um verdadeiro escândalo começou. Abby rolou de um lado do corredor ao outro, gritando e respirando de forma ofegante.

— Cadê o meu cobertorzinho? Cadê o meu cobertorzinho? — ela repetia sem parar.

Abby havia perdido o seu cobertor rosa e, agora, Ally havia pegado o seu branco. Segundo o raciocínio de uma menina de três anos de idade, Abby acreditava que a sua vida feliz havia chegado ao fim. Afinal, ela não imaginava ser possível viver sem o seu cobertorzinho rosa.

Podemos dizer que ela exagerou um pouco.

— Ab, tome um pouco de chocolate quente enquanto a mamãe ajuda a procurar seu cobertorzinho — eu a consolei.

Ela não quis saber de mim nem da sua bebida preferida — "choco quente".

Não consegui consolá-la de jeito nenhum. Logo, comecei a procurar o amado cobertorzinho da minha filha desesperada. Depois de procurar em todos os lugares comuns, notei um pedacinho de pano rosa rasgado saindo debaixo de uma pilha de bichinhos de pelúcia no canto do quarto de Abby. Depois de um rápido puxão por baixo dos bichinhos, o mistério do cobertor rosa estava resolvido.

Fui até Abby, que estava deitada em posição fetal, soluçando, arrasada e anunciei:

— Olhe o que a mamãe encontrou!

Abby olhou para cima, com os olhos cheios de lágrimas e viu o seu querido amigo.

— Meu cobertorzinho! — ela gritou, animada. — Você me salvou, mamãe.

Ao dizer isso, ela se levantou, pegou o cobertor e sentou ao lado de Allyson, que já estava assistindo ao programa do Barney na televisão.

O seu cobertor rosa estava de volta e tudo ficara bem de novo.

A reação exagerada de Abby me fez pensar que eu também já havia tido muitas crises como a do "cobertor rosa" na minha vida. Às vezes, algo insignificante acontece e, de repente, o meu mundo desmorona. Choro, reclamo, esbravejo e faço pirraça até Deus revelar uma solução bem simples, e que eu teria percebido antes, se não tivesse reagido de maneira tão exagerada. Descobri que faço isso muitas vezes quando se trata das minhas filhas. Embora eu consiga ser mais racional e paciente quando acontece algo indesejado em minha própria vida, costumo ficar muito frustrada e exagerar quando o mesmo acontece na vida de minhas filhas. Quando, por exemplo, alguém as trata injustamente, os meus instintos de mãe protetora me dominam e, às vezes, realmente exagero. Antes que eu possa me acalmar e enxergar a situação de forma racional, já gritei, me comportei de maneira horrível e briguei com qualquer pessoa que tenha feito algum mal às minhas meninas.

Na sequência, Deus sempre consegue a minha atenção e me faz perceber que exagerei. Então, preciso dizer "sinto muito" algumas vezes, para que tudo fique bem novamente.

Talvez você consiga se identificar com isso.

Quantas vezes você já permitiu que algo pequeno como um cobertor rosa a sobrecarregasse, fazendo com que você se sentisse mal? Não precisa ser assim. Se fixarmos nossos olhos em Jesus, ele nos ajudará a encontrar o nosso "cobertor rosa" todas as vezes — no seu tempo. À medida que nos aproximarmos dele, mais nos tornaremos parecidas com ele e, como consequência, teremos menos crises por causa de cobertores cor-de-rosa. Assim, em pouco tempo, passaremos a perceber com antecedência quando estivermos prestes a ter uma crise dessas e, assim como Abby, seremos capazes de olhar para o Pai e dizer:

— Você me salvou!

BEIJOS DO CÉU

*Tendo os olhos fitos em Jesus, autor e consumador da
nossa fé. Ele, pela alegria que lhe fora
proposta, suportou a cruz.*
Hebreus 12.2

DO SEU CORAÇÃO PARA O CÉU

Pai, ajuda-me a manter meus olhos fixos em ti e não
nas crises que tentam me sobrecarregar e roubar a minha alegria. Senhor, por favor, ameniza os meus instintos superprotetores em situações que envolvam os
meus filhos e ajuda-me a reagir com amor e misericórdia, da maneira que tu desejas. No poderoso nome de
Jesus, amém.

Capítulo 39

TUDO BEM, MAMÃE

O jardim da nossa casa nova do Texas exigia muitos cuidados, mas estávamos determinados a transformar aquele monte de mato em uma grama verde e exuberante. Jeff começou a aparar a vegetação, enquanto as meninas e eu arrancávamos o mato e limpávamos o jardim. Depois de cerca de uma hora, fui para dentro de casa tomar uma Coca-Cola zero e comer uma barra de chocolate. Momentos depois, Allyson, que estava com quatro anos, entrou gritando.

— *Me* mordeu! *Me* mordeu!

— O que mordeu você?

— Não sei, mas doeu! — ela respondeu.

Eu me ajoelhei e olhei a perna direita de Ally. Havia uma bolinha vermelha, mas nada demais.

— Acho que você vai sobreviver — brinquei. — Deve ter sido apenas uma formiga.

Passei uma pomada no local contra mordidas de inseto e dei um beijinho na testa de Ally.

Quando estava dando banho em Allyson naquela noite, notei que a bolinha vermelha estava um pouco maior, mas não parecia nada grave. Então, passei um pouco mais de pomada e a coloquei para dormir.

Na manhã seguinte, fui acordada pelos raios de sol que entravam pela janela do quarto.

"Hoje será um lindo dia", pensei.

Quando olhei para o relógio, ele marcava "7h35".

— 7h35! Minha nossa! Jeff, perdemos a hora!

Aquela manhã foi uma loucura. Levei as meninas para a escola, dirigi como uma louca para o trabalho e cheguei ao escritório às 8h32 — apenas dois minutos atrasada. Nisso, o telefone tocou.

"Ah, não", pensei. "Meu chefe deve ter percebido que me atrasei."

— Alô — eu disse timidamente.

— Senhora Adams, estou ligando por causa da Allyson — respondeu a voz do outro lado da linha. — A senhora está ciente de que Allyson está com uma mordida grave na perna direita?

Foi então que me dei conta de que, em meio a toda aquela confusão, eu não havia olhado a perna de Allyson naquela manhã.

— Está parecendo uma mordida de aranha — ela continuou. — Não quero assustá-la, mas acho que ela precisa de cuidados médicos imediatamente.

Minutos depois, eu já estava na escola de Ally. A mordida não estava mais vermelha; ela tinha ficado escura, quase preta, com uma vermelhidão arroxeada em volta.

Comecei a entrar em pânico.

Telefonei para um pediatra das proximidades, descrevi a mordida na perna de Ally e disse à enfermeira que estávamos a caminho. Então, liguei para Jeff e para a minha mãe e falei, aos prantos, com eles por alguns minutos. Enquanto isso, Allyson estava quietinha no banco traseiro.

O meu choro foi interrompido por uma doce vozinha, vinda do banco de trás.

— Está tudo bem, mamãe. Já fiz uma oração pela minha perna.

Espantada, olhei para ela pelo espelho retrovisor.

Allyson estava em paz porque já havia entregado a situação ao Pai. Aos quatro anos de idade, ela já sabia qual era a coisa mais importante a se fazer em momentos de crise: orar. Eu, que tinha 29 anos, não tive a mesma reação.

Allyson permaneceu calma enquanto a sua mãe se desesperava, os médicos e enfermeiros a examinavam e cutucavam, até enquanto tomava uma injeção. Finalmente me acalmei quando o médico disse:

— Ela vai ficar bem. Apenas observe a mordida ao longo da noite e traga ela de volta amanhã para tomar mais uma injeção.

Concordei, agradeci ao médico e abracei Allyson tão forte, que ela disse "ai".

Levou algumas semanas para a perna de Allyson ficar boa, mas, finalmente, todos os sinais da mordida acabaram sumindo; no entanto, eu nunca me esquecerei daquele incidente.

Allyson me ensinou uma grande lição naquele dia — buscar a Deus antes de tudo. A oração deve ser sempre o nosso primeiro instinto. Não devemos ser orgulhosas demais para aprender com os nossos filhos. Dos lábios das crianças, não é?

BEIJOS DO CÉU

Dos lábios das crianças e dos recém-nascidos firmaste o teu nome como fortaleza, por causa dos teus adversários, para silenciar o inimigo que busca vingança.
Salmo 8.2

DO SEU CORAÇÃO PARA O CÉU

Pai, ajuda-me a não ser tão orgulhosa que não consiga aprender nada com os meus filhos. Obrigada por me ensinar por meio deles. E, ajuda-me, Senhor, a fazer de ti sempre a minha primeira opção. No poderoso nome de Jesus, amém.

Capítulo 40

FICAR BANGUELA
NÃO É TÃO RUIM

— **Pare com isso,** Ally! Não tem graça!

— Tem, sim! — provocou Allyson, que tinha cinco anos de idade.

Essa interação foi seguida de gritos e choro. Espiei por baixo do travesseiro para olhar o relógio. Já estava mesmo na hora de levantar. Rolei para fora da cama, calcei meu chinelo de oncinha e fui, cambaleando, pelo corredor até o quarto das meninas.

— O que está acontecendo? — perguntei, séria.

— Ally está rindo do meu dente mole — reclamou Abby.

— Isso é verdade, Allyson?

Ela não respondeu, indicando a sua culpa.

— Ally, não é bonito rir das pessoas — lembrei. — Peça desculpa a Abby.

— Desculpe — disse Allyson, com um tom de voz que deixava claro o seguinte: "Só estou dizendo porque fui obrigada."

Abby ficou satisfeita com o pedido de desculpa e, para mim, isso era bom o bastante. Além disso, eu ainda precisava preparar o café da manhã. Quando corria para a cozinha, Jeff passou por mim no corredor e me deu um rápido beijo de despedida.

— Eu arranco esse dente para você hoje à noite — ele disse a Abby, que balançava o seu dente quase solto.

— NÃO! — ela gritou. — Não quero que você faça isso.

Aquele era o primeiro dente mole de Abby e ela queria mantê-lo o máximo possível.

Os dias se passaram e aquele pobre dente mole continuava lá. Abby estava obcecada por aquilo. Ela evitava, cuidadosamente, o dente mole quando escovava os dentes. Ela se recusava a comer qualquer coisa que exigisse muita mastigação. Além disso, estava sempre balançando o dente com a língua.

Então, certa noite, quando estava lavando a louça, eu ouvi:

— Meu dente! Meu dente! Mãe!

Corri pelo corredor até o quarto de Abby. Lá estava ela, banguela, segurando o pirulito com o dente agarrado nele. O dente tinha lutado o bom combate, mas perdeu para um pirulito de chocolate.

Naquela noite, Abby colocou o dente debaixo do travesseiro e uma Fada do Dente com chinelos de oncinha passou para deixar o dinheiro. No dia seguinte, Abby entrou para o "Clube dos Banguelas" na escola e ganhou um adesivo especial em homenagem àquela importante ocasião.

Engraçado, não?

Abby estava com muito medo de perder o seu primeiro dente. Ela tentou de tudo para não perder aquele dente velho e mole. Porém, quando, finalmente, aquele dente perdeu para um pirulito, a menina ficou feliz de vê-lo ir embora, por causa de todas as vantagens que acompanharam tal acontecimento.

Mais tarde, refleti sobre a experiência de Abby e seu dente e percebi que Deus queria que eu aprendesse uma lição com aquilo tudo também. Ele me mostrou que eu também tinha alguns "dentes moles" em minha vida — coisas que eu não estava entregando a ele. Imagino que Abby não queria perder o dente por medo de ficar com um sorriso banguela para sempre. Além disso, o seu dente velho era tão confortável... Ela estava acostumada com ele e tinha medo de sentir a sua falta.

Eu me agarrava aos "dentes moles" da minha vida espiritual pelos mesmos motivos.

Mas, sabe do que mais? Quando, finalmente, abri mão dessas coisas na minha vida, Deus as substituiu por outras melhores, mais fortes e bonitas — assim como o dente permanente branco e lindo de Abby substituiu o antigo dentinho de leite.

Os dentes permanentes são sinal de maturidade. Portanto, tenho uma pergunta para você: Como estão os seus *dentes* espirituais? Se você parece uma banguela, ou está cheia de dentes de leite, então está na hora de entregar isso para Deus. Está na hora de você entrar para o "Clube dos Banguelas" e desfrutar dos benefícios dos seus membros. Confie em mim, Deus dá recompensas muito melhores do que aquela Fada do Dente com chinelos de oncinha.

BEIJOS DO CÉU

Não andem ansiosos por coisa alguma, mas em tudo,
pela oração e súplicas, e com ação de graças,
apresentem seus pedidos a Deus.
Filipenses 4.6

DO SEU CORAÇÃO PARA O CÉU

Pai, ajuda-me a confiar mais em ti e a estar disposta a ser obediente e entregar tudo o que tenho em tuas mãos — a minha esperança, os meus sonhos, o meu casamento e os meus filhos. Eu te amo muito! No poderoso nome de Jesus, amém.

CONVERSAS COM COBERTURA DE CHOCOLATE...

ABENÇOANDO A VIDA DOS SEUS FILHOS

MINHA TIA MARY ANN FLEETWOOD

Mary Ann é amiga de Martha Savage desde que são crianças, e uma de suas maravilhosas lembranças daquele tempo em que ela frequentava sua casa era quando elas comiam o delicioso bolo de chocolate com especiarias que Ruth, a mãe de Martha, sempre fazia.

— É esse bolo de chocolate — contou Mary Ann — que Ruth chamava de Bolo de Chocolate da Depressão, porque a receita não levava ovos. Acho que era difícil comprar ovos naquela época.

Mary Ann acabou pegando a receita com Ruth e começou a preparar o bolo também. Ele fez tanto sucesso com a família de Mary Ann, que, sempre que havia um aniversário, ela tinha de fazer um bolo de chocolate com especiarias. Essa tradição continua até hoje.

Mary Ann acrescentou uma coisa à receita — uma grossa cobertura, a pedido de seus filhos e netos. Mas o bolo é gostoso com ou sem a cobertura, de acordo com Mary Ann.

BOLO DE CHOCOLATE COM ESPECIARIAS

1½ xícara de farinha de trigo
1 xícara de açúcar
1 colher (sopa) de chocolate em pó
1 xícara de leite
1 colher (sopa) de vinagre branco
½ xícara de manteiga
1 colher (chá) de noz-moscada
1 colher (chá) de canela
1 colher (chá) de bicarbonato de sódio

Adicione o vinagre ao leite e deixe descansar por 15 minutos para coalhar. Peneire todos os ingredientes secos, exceto o açúcar, e misture. Misture, também, a manteiga em temperatura ambiente e o açúcar em uma tigela separada. Adicione o leite aos poucos (na mistura de manteiga). Em seguida, adicione os ingredientes secos à mistura de manteiga um pouco por vez, até misturar bem. Cozinhe em 180°C por 45 minutos, ou até que as laterais comecem a soltar da assadeira.

A melhor cobertura que já provei:

⅓ de xícara de leite integral
½ xícara de pedaços de chocolate meio amargo picado
¾ de xícara de açúcar
1 colher (chá) de essência de baunilha
1 colher (sopa) de manteiga

Deixe os ingredientes ferverem, mexendo constantemente. Enquanto ainda estiver quente, bata até formar uma consistência espelhada (com brilho). Espere o bolo esfriar e adicione a cobertura.

Capítulo 41

NÃO SEJA BOBOCA!

Nós havíamos acabado de sair de um culto maravilhoso na Igreja Internacional Eagle Mountains, em Fort Worth, sobre o poder de nossas palavras. Quando entramos no carro, as meninas já estavam implicando uma com a outra. Tentei ignorá-las, enquanto ainda repassava a mensagem do pastor George na minha cabeça e no meu coração. Nós não havíamos levado as meninas à classe dominical naquela manhã, optando por deixá-las assistirem ao "culto dos adultos" com a gente. Pensei que elas haviam colorido e brincado de boneca durante o culto, mas logo descobri que elas haviam prestado atenção à mensagem.

— Você é boboca — disse Abby, que estava com seis anos, à sua irmã caçula. — Ally é boboca! Ally é boboca!

Quando eu estava prestes a interferir, Ally falou:

— Mãe, Abby está profetizando coisas ruins sobre mim.

Jeff e eu tentamos segurar o riso ao ouvir uma declaração tão precisa de Ally. A nossa filhinha de quatro anos de idade aprendeu sobre o poder das palavras naquele dia, e ela não queria que a sua irmã mais velha dissesse coisas negativas a seu respeito. Aparentemente, a mensagem do pastor George também havia impactado a pequena Allyson.

O texto de Provérbios 18.21 diz que a língua tem poder sobre a vida e sobre a morte. A Palavra também diz que a língua, embora seja um órgão pequeno do corpo humano, pode ser usada para glorificar e, também, para causar enormes danos. Se você já foi vítima de palavras ofensivas, então conhece bem o significado dessa passagem.

"As palavras nos desafiam e nos transformam. As palavras nos afetam profundamente. Uma língua incontida e cruel pode nos ferir", explicou Paul F. Davis, pastor e escritor conhecido em todo o mundo. "Portanto, qualquer coisa falada a você que seja contrária à Palavra de Deus pode ser descartada quando você renova a sua mente de acordo com as Escrituras."

Foi isso que precisei fazer quando ouvi palavras que me magoaram, e é o que você terá de fazer, também, se ainda sofre por comentários feitos no passado.

Precisamos aprender a combater palavras negativas com a Palavra de Deus. Se alguém disser: "Você não é uma boa mãe", não fique pensando nessa mentira. Em vez disso, lembre-se do que Deus diz a seu respeito: Você é cabeça, e não cauda. Você é vitoriosa! Você pode tudo naquele que a fortalece.

Não só as palavras dos outros podem nos afetar profundamente, mas também as nossas palavras podem afetar profundamente outras pessoas. O que você está dizendo à sua família? Você os edifica com as suas palavras ou os desanima?

Para domarmos a nossa língua, precisamos começar controlando as nossas emoções e permitindo que Deus nos preencha com o seu amor, pois as nossas palavras são um reflexo do que está em nosso coração. Se o seu coração estiver cheio de amor, paz, alegria, contentamento, graça e domínio próprio, então a sua boca estará cheia das mesmas coisas.

Edifique o seu marido e os seus filhos com boas palavras nesta semana. Aqui estão algumas ideias para você começar:

- Eu te amo mais do que bolo de chocolate!
- Você faz a minha vida feliz simplesmente por fazer parte dela.
- Eu não apenas o amo; também acredito em você.
- Você tem qualidades especiais que mais ninguém tem.
- Você é capaz!
- Você é um presente de Deus!
- Sou muito grata pela sua vida.
- Você é uma luz na minha vida.

Aproveite todas as oportunidades para usar suas palavras para edificar e incentivar a sua família, e não diga coisas negativas em tom de brincadeira, achando que não tem problema. Isso nunca é legal — e, citando Abby, isso a torna "uma boboca". Seja uma incentivadora!

BEIJOS DO CÉU

Nenhuma palavra torpe saia da boca de vocês, mas apenas a que for útil para edificar os outros, conforme a necessidade, para que conceda graça aos que a ouvem.
Efésios 4.29

DO SEU CORAÇÃO PARA O CÉU

Deus, ajuda-me a usar as minhas palavras para profetizar vida e amor sobre a vida da minha família. No poderoso nome de Jesus, amém.

DECLARE A PALAVRA

Você, às vezes, sente que as palavras de sabedoria que diz aos seus filhos são ignoradas? Acho que toda mãe já se sentiu assim uma vez ou outra — especialmente quando os nossos filhos são adolescentes e jovens. Porém, saiba: eles estão absorvendo-as mais do que imaginamos.

Descobri isso sem querer, certa tarde.

Eu estava guardando a roupa limpa no quarto das meninas, quando ouvi Abby, na época com 16 anos, conversando bem alto com sua melhor amiga. Eu estava prestes a entrar no quarto para oferecer a elas um sorvete de chocolate e um filme, quando percebi que estavam tendo uma conversa séria. Aquela não era uma conversa normal, sobre "quem estava namorando quem".

— Você não faz a menor ideia do que estou enfrentando — a amiga dela gritou. — A minha família está desmoronando, então não venha me dizer que Deus se importa comigo!

A amiga dela estava chorando tanto que fiquei bastante preocupada e pensei em entrar para ver se havia algo que eu pudesse fazer para ajudar. Mas, então, ouvi Abby dizer, com ousadia:

— Só porque você não consegue ver ou sentir Deus, não significa que ele não esteja agindo. Você apenas precisa confiar no Senhor e saber que ele não a decepcionará. Isto é fé; crer antes de ver.

Tive vontade de largar o cesto de roupas, virá-lo e subir nele para aplaudir Abby. Eu me senti orgulhosa pela maneira como ela aconselhou aquela amiga frustrada e fiquei muito aliviada por constatar que a Palavra que nós lhe havíamos ensinado estava em seu coração. E, não apenas isso; nossa filha acreditava nessa Palavra e, agora, ela a estava pregando! Fiquei tão grata ao Senhor por ter ouvido essa conversa naquele dia, porque eu sempre me lembrava daquelas palavras cheias de fé quando parecia que Abby estava se desviando para o mal caminho durante o ensino médio. Sempre que eu começava a pensar: "Ela está tomando a decisão errada. Ela não está nos ouvindo. Ela não está vivendo para Deus. Ela sabe que isso é errado...", Deus me fazia lembrar daquelas palavras: "Só porque você não consegue ver ou sentir Deus, não significa que ele não esteja agindo..." Eu tinha certeza de que Deus estava agindo na vida de Abby — eu, simplesmente, não conseguia ver sinais disso. Ele, porém, estava e continua agindo na vida das minhas duas filhas, assim como na minha.

Portanto, deixe-me encorajá-la hoje: Continue declarando a Palavra sobre a vida dos seus filhos, mesmo que pareça que não está adiantando. Continue mostrando os milagres diários a eles, pois, por mais que pareçam desinteressados, eles estão ouvindo. Aproveite os "momentos de lição" e compartilhe palavras de sabedoria, mesmo que pareça que eles a estão ignorando completamente; porque, na verdade, não estão. A Bíblia nos garante que a Palavra de Deus nunca volta vazia — então descanse nessa promessa hoje. E, lembre-se, eles não estão apenas ouvindo, mas, também, observando. Logo, certifique-se de que você esteja vivendo aquilo que prega. Ao verem você viver para Deus e andar em amor diariamente, seus filhos serão impactados para o Reino.

BEIJOS DO CÉU

Assim como a chuva e a neve descem dos céus e não voltam para eles sem regarem a terra e fazerem-na brotar e florescer, para ela produzir semente para o semeador e pão para o que come, assim também ocorre com a palavra que sai da minha boca: ela não voltará para mim vazia, mas fará o que desejo e atingirá o propósito para o qual a enviei.
Isaías 55.10-11

DO SEU CORAÇÃO PARA O CÉU

Deus, ajuda-me a declarar a Palavra sobre a vida dos meus filhos em todas as oportunidades. Pai, que o coração deles esteja pronto para recebê-la. Ajuda-me, Senhor, não apenas a pregar, mas também a viver aquilo que prego, para que eu possa ser um bom exemplo para os meus filhos. No poderoso nome de Jesus, amém.

Capítulo 43

SEM PALAVRAS GRÁTIS

Eu amo o filme *Mensagem para você*, estrelado por Meg Ryan, como Kathleen Kelly, e Tom Hanks no papel de Joe Fox, e você? Aliás, quem não gosta de assistir a uma boa comédia romântica, comendo gotinhas de chocolate e tomando uma Coca-Cola zero? *Mensagem para você* é um dos meus filmes preferidos, mas há uma cena específica com a qual me identifico muito. Nessa cena, Kathleen está frustrada por nunca conseguir dizer exatamente aquilo que deseja em momentos de confronto. Ela sempre pensa na resposta perfeita horas depois — o que, é claro, não a ajuda em nada, pois o momento já passou. Joe, por outro lado, consegue dar respostas inteligentes, sem hesitar. Então, ela manda uma mensagem para ele, dizendo que gostaria de ter essa habilidade, ao que Joe responde que gostaria de dar o seu talento a ela, pois se trata de algo perigoso. O personagem de Hanks adverte que dizer exatamente o que pensamos, e na hora em que pensamos, quase sempre leva a um sentimento de culpa e arrependimento. Mais tarde, no filme, quando Kathleen consegue fazer as observações mais cruéis na hora certa, ela se dá conta de que Joe tinha razão. Ela se sente muito mal por suas palavras maldosas, mas não pode mais retirá-las. O dano já foi feito.

Eu me identifico muito com a Kathleen Kelly nesse filme, e você?

Você já perdeu a cabeça e disse algo aos seus filhos do qual se arrependeu depois? Eu gostaria de dizer que isso nunca aconteceu comigo, mas não é verdade. Um momento em particular que me vem à memória foi quando eu estava ajudando Abby e Allyson com os seus passos para a apresentação nas eliminatórias de líderes de torcida. O treino não estava saindo exatamente como planejado, e Abby estava ficando cada vez mais frustrada. Ela havia conseguido fazer um lindo salto na semana anterior, durante sua aula de ginástica, mas agora estava sendo vencida pelo medo durante o nosso treino naquele dia. Ally, por outro lado, não tinha medo nenhum — nunca! Ela deu saltos e fez acrobacias que, provavelmente, nem deveria ter feito! Eu já havia tentando usar a abordagem do incentivo, dizendo:

— Você consegue, Abby! Salte! Você consegue!

Ela, no entanto, não conseguia. A garota corria pela sala do ginásio, se preparava e dava apenas um salto simples. Ela fez isso repetidas vezes, até se esgotar. Enquanto isso, minha outra filha saltava por todo o ginásio, até se exaurir, dando saltos e mais saltos.

Eu, então, falei sem pensar:

— Abby, a sua técnica é muito melhor do que a da Ally, e, ainda assim, ela está saltando melhor do que você. Você é uma saltadora muito melhor do que a sua irmã, mas está parecendo um gato assustado.

Com apenas uma declaração impensada, acabei com a confiança das duas e causei um conflito entre as irmãs. Tudo o que Abby ouviu foi que eu a chamei de gato assustado, e tudo o que Ally ouviu foi que a sua irmã mais velha era uma saltadora muito melhor do que ela. Eu queria tanto poder retirar o que disse, mas... O estrago já estava feito! É claro que pedi desculpas, porque eu estava, realmente, arrependida! No entanto, levou um bom tempo para que elas se recuperassem daquelas palavras que eu havia dito. Embora eu não tenha tido a menor intenção de magoar as minhas meninas, elas se magoaram do mesmo jeito.

Esse é o problema das palavras; elas fazem um estrago imediato. E, mesmo quando pedimos perdão, elas continuam machucando. Portanto, pense antes de falar. Faça o que for preciso para evitar que palavras duras saiam da sua boca. Morda a sua língua, se for necessário; mas não diga a primeira coisa que surgir na sua cabeça, antes de pensar sobre as consequências das suas palavras. Você pode ficar com a língua machucada, mas o seu coração estará bom!

Aprenda com o meu erro e use a sua boca para incentivar, e não condenar. Há muito poder em nossas palavras; então vamos usá-lo para fazer o bem!

BEIJOS DO CÉU

*A resposta calma desvia a fúria, mas a
palavra ríspida desperta a ira.*
Provérbios 15.1

DO SEU CORAÇÃO PARA O CÉU

Senhor, ajuda-me a pensar antes de falar. Guarda a minha boca, Pai celestial, para que eu diga apenas palavras de edificação. No poderoso nome de Jesus, amém.

Capítulo 44

VOCÊ ESTÁ OUVINDO?

Nós criamos as nossas filhas na igreja. Elas conhecem todas as histórias da Bíblia. As meninas cresceram entendendo os conceitos de cura, fé, semeadura e colheita, dízimo, e assim por diante. Porém, eu não queria que elas simplesmente soubessem sobre Deus — eu queria que elas *conhecessem* a Deus. E isso só acontece quando passamos tempo na presença do Senhor. As minhas duas filhas, em momentos diferentes da vida, me perguntaram como se ouve a Deus. Eu me lembro de Abby perguntar, certa vez:

— Como você sabe se é realmente Deus falando, ou se são apenas os seus próprios pensamentos?

Boa pergunta.

Ouço essa mesma pergunta quando prego em igrejas pelo país, e a minha resposta é sempre a mesma:

— Esteja em comunhão com Deus o tempo todo, e você ouvirá a sua voz. A Bíblia diz que devemos orar continuamente; então, faça isso. Mantenha essa linha de comunicação aberta vinte e quatro horas por dia. Ele direcionará os seus passos, pois Provérbios 3.5-6 nos garante isso.

Isso não é tranquilizante para nós, mães? Deus deseja falar com a gente e nos orientar. Tudo o que precisamos fazer é buscá-lo. Ele pode não falar com aquela voz forte do ator Charlton Heston, mas passará a sua mensagem — às vezes, das formas mais inusitadas. Foi exatamente isso que aconteceu com Wesley, o melhor amigo de Allyson.

Wes, que é estudante universitário em tempo integral, também trabalha à noite como eletricista. Durante o outono do ano passado, Wes estava trabalhando em uma escola primária no sul de Indiana. Todos os dias, ele andava para cima e para baixo pelos corredores para trocar alguma lâmpada, passando por muitos quadros de avisos pelo caminho. Porém, nesse dia em particular, uma das decorações chamou a sua atenção.

Geraldo, a girafa, dizia o seguinte: "Se encontrar alguém que o faça sorrir, que o procura para saber se você está bem, que cuida de você e deseja o melhor para a sua vida, não o deixe ir embora. Fique perto dele e o valorize. Pessoas assim são difíceis de encontrar."

Nas palavras de Geraldo, a girafa, estava a confirmação exata que Wesley estava procurando. Wes compartilhou o seu testemunho nas redes sociais e me deu permissão para compartilhá-lo com você.

Ele escreveu:

Eu tenho orado bastante, ultimamente, pedindo a Deus por uma orientação e essas palavras tocaram o meu coração... Nem sempre vivi de acordo com isso, e eu sei, com certeza, que já deixei de valorizar as pessoas.

No entanto, felizmente, o nosso Deus é um Deus de segundas chances e muitas dessas pessoas permaneceram ao meu lado, apesar de tudo. Então, da próxima vez que Deus colocar alguém assim na sua vida, lembre-se das palavras de Geraldo, a girafa.

Lindo.

Tenho certeza de que as palavras de Geraldo, a girafa, estavam penduradas naquele mesmo quadro durante semanas. Porém, no dia em que Wesley pediu por uma orientação para determinada situação em sua vida, Deus fez com que ele notasse aquelas palavras, provocando uma sensação de paz e direção avassaladoras em sua vida.

Eu amei isso, e você?

Portanto, se você estiver buscando verdadeiramente sabedoria e direção de Deus, ele encontrará uma maneira de falar com você. Às vezes, uma passagem que você já leu um milhão de vezes irá, praticamente, pular da página da sua Bíblia, oferecendo a direção que você precisa para aquele dia. Em outras ocasiões, Deus pode usar um amigo, um membro da família, os seus filhos, uma mensagem dentro de uma embalagem de bombom, ou, até mesmo, Geraldo, a girafa, para falar ao seu coração.

Esteja atenta à direção de Deus e receptiva à sua orientação e você pode ter um momento de "Recado da girafa" hoje, amanhã, ou quando mais precisar.

BEIJOS DO CÉU

As minhas ovelhas ouvem a minha voz;
eu as conheço, e elas me seguem.
João 10.27

DO SEU CORAÇÃO PARA O CÉU

Deus, quero que a tua vontade seja feita na minha vida hoje e todos os dias. Não permita que eu não a veja, Senhor. Ajuda-me a me tornar cada vez mais sensível à tua orientação. No poderoso nome de Jesus, amém.

Capítulo 45

ABRA ISSO QUANDO...

É verdade que vivemos em um tempo em que uma carta escrita à mão é como uma forma de arte perdida. Adolescentes que cresceram enviando mensagens de texto, e-mails e textos no Facebook acham "antiquado" escrever um bilhete em papel. Os adultos também são culpados disso, simplesmente porque é mais conveniente mandar uma mensagem rápida ou um e-mail para o seu cônjuge, irmã, filho ou melhor amigo. Porém, um bilhete escrito à mão tem um significado muito maior.

Em um artigo recente publicado no *Wall Street Journal* sobre "A arte perdida da carta escrita à mão", o autor Philip Hensher fala sobre como a nossa crescente dependência das mensagens de texto e mecanismos eletrônicos está transformando os bilhetes escritos à mão em algo tão relevante quanto uma máquina de fax. Ele diz: "A rápida comunicação por meio de mecanismos eletrônicos, que substituiu a carta escrita à mão, é maravilhosa. No entanto, nós, sem dúvida, perdemos algo com isso. O Skype, o e-mail e as mensagens de texto não serão estimados da mesma maneira que as minhas cartas de adolescência, os meus cadernos de rascunho e os meus cartões postais têm sido durante tantos anos."

Hensher levanta uma boa questão — não existe nada que se compare a um carinhoso e atencioso bilhete escrito à mão. Parece que não sou a única a concordar com Hensher. Tenho notado que, recentemente, as cartas escritas à mão parecem ter voltado à moda com as cartas "Abra quando…" A premissa é a seguinte: Você escreve cartas para diversas ocasiões, como: "Abra quando estiver triste"; "Abra quando estiver com saudades"; "Abra quando precisar de incentivo"; "Abra quando estiver bravo comigo"; "Abra quando você precisar saber o quanto é incrível"; "Abra quando não conseguir dormir" etc. Dentro de cada um desses envelopes, há uma carta escrita à mão, com piadas internas, lembranças, citações favoritas e palavras inspiradoras. As pessoas personalizam os envelopes com adesivos, purpurina, fotografias, chocolates e outras decorações.

Como sei tanto sobre essa tendência? Bem, assisti com muito orgulho às minhas duas filhas prepararem cartas pessoais e atenciosas para os seus namorados de longa data. Os rapazes ficaram muito emocionados com esse presente. O namorado de Abby brincou: "Acho que vou precisar de outra carta 'Abra quando estiver bravo comigo', porque já usei muito a minha." Mas, falando sério, esses jovens ficaram muito felizes com o tempo, esforço e sinceridade de cada carta.

Existe algo especial na palavra escrita, não é verdade? Eu me lembro de um Natal em que estávamos com dificuldades financeiras. Então, meu marido e eu decidimos não comprar presentes um para o outro. Em vez disso, Jeff me escreveu uma carta de duas páginas. Ela não estava decorada com adesivos, purpurina e fotos, tampouco acondicionada em um envelope chique. Ele a escreveu em folhas de caderno e colocou dentro de um envelope branco e simples. Na verdade, ele tinha até riscado algumas palavras e escrito outras por cima delas, mas amei cada palavra e cada rasura. Por quê? Porque aquelas palavras eram preciosas, eram lembranças doces e confissões sinceras do seu verdadeiro amor. Aquele foi um dos melhores presentes que já recebi e, junto com a carta, ele colocou um enorme chocolate da Hershey — assim, como não amar?

Toda essa história de carta me fez pensar que Deus escreveu uma Bíblia inteira cheia de cartas de amor para nós. A Bíblia também está cheia de promessas preciosas, palavras de esperança, sabedoria e respostas para qualquer pergunta que possamos ter. Ela é o melhor "Manual para mães" que você encontrará. Além disso, ela é a carta original do "Abra quando...", pois, independentemente do que estivermos sentindo, ou da nossa necessidade, a Bíblia possui as próprias palavras de vida de que precisamos.

Portanto, eis o meu desafio para você esta semana: Separe um tempo para ler a Palavra de Deus todos os dias. Em segundo lugar, escreva cartas para os seus filhos e para o seu marido. Elas não precisam ser do tipo: "Abra quando..." e também não precisam ter uma decoração muito elaborada. Elas só precisam ser sinceras e escritas à mão.

Como mães, as nossas palavras têm muito poder. Portanto, use-as com sabedoria.

BEIJOS DO CÉU

A tua palavra é lâmpada que ilumina os meus passos e luz que clareia o meu caminho.
Salmo 119.105

DO SEU CORAÇÃO PARA O CÉU

Pai, obrigada pela tua Palavra. Ajuda-me a incentivar a minha família através das minhas palavras — faladas e escritas. No poderoso nome de Jesus, amém.

TRANSIÇÕES, LÁGRIMAS E TARTARUGAS...

CONFIANDO EM DEUS EM MEIO ÀS MUDANÇAS DA VIDA

MINHA CUNHADA BARB MEDLOCK

Eu estava no primeiro ano quando meu irmão Rob levou Barb para conhecer a família pela primeira vez, e me apaixonei por ela desde o primeiro dia. Quando Barb se casou com meu irmão, ela se encaixou imediatamente em nossa família. Acontece que ela também não gostava muito de cozinhar (risos). O meu irmão e ela têm quatro filhos maravilhosos: Meghan, Jay, Mindy e Jon, carinhosamente conhecidos como o "Clã dos Cleveland-Medlock". São tão maravilhosos que gostaríamos que eles morassem mais perto de nós. No entanto, quando eles nos visitam, é melhor Barb trazer a sua "Mistura do clã Medlock", pois é uma das sobremesas preferidas da família Medlock!

Apesar do nome, enigmático à primeira vista, trata-se de algo simples, que consideramos perfeito para os jogos das finais de futebol, jogos de basquete, torneios de jogos de tabuleiro ou qualquer tipo de reunião familiar. Ela é fácil e muito gostosa — e até mesmo eu a preparei recentemente!

MISTURA DO CLÃ MEDLOCK

450 gramas de chocolate branco picado (se for hidrogenado não adicionar o óleo)
1 colher (sopa) de óleo vegetal
3 xícaras de cereal de milho
3 xícaras de cereal de arroz
1 xícara de nozes secas torradas
250 gramas de M&Ms

Derreta o chocolate em banho-maria. Adicione 1 colher de sopa de óleo (caso não seja o hidrogenado). Misture bem e adicione os cereais, as nozes, e os M&Ms. Misture bem e coloque em papel manteiga. Resfriar por uma ou duas horas, quebrar em pedaços. Sirva e bom apetite! Rende ± 20 pedaços.

DÊ O MELHOR PRESENTE
AOS SEUS FILHOS

A nossa líder do grupo de estudos bíblicos feminino perguntou:

— Além de Jesus, qual é o maior presente que vocês podem dar aos seus filhos? — As mulheres deram respostas muito boas, e não havia respostas "certas ou erradas". Contudo, nenhuma de nós deu a resposta que ela queria ouvir, o que foi uma surpresa.

— Um lar realmente feliz; um lugar onde você e o seu marido amem, honrem e respeitem um ao outro — ela falou. — Era essa a resposta que eu queria ouvir de vocês.

— Achei aquilo muito impactante, e as suas palavras me fizeram refletir profundamente sobre o meu casamento naquele dia. Aquele era, realmente, o começo de uma nova fase no nosso relacionamento. Embora o meu casamento não seja perfeito hoje em dia, ele é muito bom; no entanto, nossa união nem sempre foi tão boa. Nós tivemos nossas fases em que tivemos que "aguentar firme", porque foi isso que prometemos no dia do nosso casamento, quase 24 anos atrás. Sabe quando ele ficou mais maravilhoso? Quando eu, finalmente, coloquei em prática o que a líder do meu grupo bíblico falou naquele dia sobre honrar o meu marido. Isso transformou completamente o nosso lar. Eu orava constantemente para Deus mudar o meu marido; porém, descobri que eu era a maior parte do problema.

Quer você esteja em um casamento sem amor, ou o seu casamento não seja mais tão bom quanto antes, ou até mesmo se você for uma mãe solteira com a esperança de encontrar o homem dos seus sonhos, essa verdade é para você. Se você fizer com que o seu homem saiba que você está ao lado dele, cheia de amor, ele a considerará a mulher mais linda do mundo e a amará loucamente. Confie em mim!

A estatística e autora Shaunti Feldhahn entrevistou mil homens para o seu livro *Somente para mulheres: saiba o que se passa na cabeça dos homens*, para que pudéssemos entender melhor o homem que Deus nos deu para amar. Quando perguntados sobre qual era a sua cena de filme preferida, a maioria esmagadora dos homens escolheu uma cena de um filme de beisebol. Você, provavelmente, pensou que eles escolheriam uma cena de ação, mas não foi o que eles fizeram. A cena mais popular — que provocou mais emoção para aqueles mil homens — foi um momento do filme *Um homem fora de série*. Lembra-se desse filme, estrelado por Robert Redford?

A cena era mais ou menos assim: Roy Hobbs, o personagem de Redford, estava se preparando para fazer o lançamento, sob vaias e xingamentos da torcida. Hobbs fica parado, observando a multidão enfurecida, até que os seus olhos avistam uma mulher. Era aquela sua antiga namorada, o seu amor de juventude. Ela está ali, de pé, apoiando-o e sorrindo com os olhos. Em meio ao caos e à gritaria, ele encontra paz, força e confiança simplesmente por saber que ela está ali, ao seu lado — e que ela o ama e que tem orgulho dele.

É isso que os nossos homens desejam. Eles querem saber se nós os amamos e os apoiamos, não importa o que aconteça. Eles querem saber se ainda achamos que eles são "os tais". Eles querem saber se temos orgulho deles. Você pode dizer: "Mas, Michelle, eu acho tudo isso. O meu marido sabe que eu o amo." Talvez ele saiba, mas precisa ouvir isso com mais frequência. Ou, talvez, ele precise ouvir menos críticas da sua parte. Ele também pode querer saber se você o apoia e aprecia tudo o que ele faz por você e por sua família.

Veja bem, se amarmos e respeitarmos os homens que Deus colocou em nossa vida, eles também nos amarão como precisamos e desejamos, e os nossos casamentos serão mais fortes e mais felizes. Como consequência, nossos lares também se tornarão mais realizados. Portanto, vá em frente. Dê aos seus filhos um presente maravilhoso — um presente que é ainda melhor do que chocolate. Eu prometo!

BEIJOS DO CÉU

Do mesmo modo, mulheres, sujeitem-se, cada uma, a seu marido... A beleza de vocês não deve estar nos enfeites exteriores... Ao contrário, esteja no ser interior, que não perece, beleza demonstrada num espírito dócil e tranquilo, o que é de grande valor para Deus.

1Pedro 3.1-4

DO SEU CORAÇÃO PARA O CÉU

Senhor, ajuda-me a amar e respeitar o meu marido como tu desejas e que o nosso amor crie um ambiente maravilhoso para que os nossos filhos prosperem. No poderoso nome de Jesus, amém.

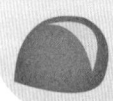 

Capítulo 47

POR QUE TIVEMOS DE NOS MUDAR?

"Nunca vou conseguir acabar de desempacotar a mudança", eu pensei, ali de pé na quente garagem da nossa nova casa no Texas.

Aquela era a nossa primeira grande mudança. Jeff e eu havíamos morado a vida inteira na mesma cidadezinha no sul de Indiana. Começamos a namorar quando ainda estávamos na escola, e namoramos durante sete anos antes de nos casarmos, depois da faculdade. Tínhamos até nossos pais como vizinhos.

Durante aqueles sete anos de casamento, nós nos mudamos para a nossa primeira casa, tivemos duas filhas, nos tornamos ativos em nossa igreja e começamos a trabalhar na comunidade que sempre havia sido tão boa para nós. As nossas raízes eram muito profundas, portanto, uma mudança seria uma grande reviravolta em nossa vida. Porém, sabíamos, em nosso coração, que Deus estava nos guiando até Fort Worth, no Texas.

Foi assustador.

Semanas depois, enquanto desempacotava a última caixa, suspirei de alívio. A casa estava, finalmente, ficando arrumada. Eu estava começando a gostar da nossa casa nova, no Texas. Até comprei um par de botas de caubói, só para me sentir mais aclimatada à tradição daquela região.

Quando carregava a última caixa para o lixo, do lado de fora, vi Abby sentada na beira da calçada, brincando com um montinho de areia.

— Como você está, Ab? — perguntei.

— Péssima — ela resmungou.

Fui até lá e me sentei ao lado dela.

— Qual é o problema? — perguntei, tentando soar otimista.

— Tudo.

— Há algo que eu possa fazer?

— Sim — ela respondeu. — Podemos nos mudar de volta para Indiana?

Foi então que percebi que Abby não estava se adaptando tão bem quanto eu esperava.

— Odeio este lugar — continuou a garota. — Por que tivemos que nos mudar? Não tem nenhum parque, não temos um balanço e eu estou com saudades da vovó e do vovô.

— Eu sei — eu a consolei, abraçando-a. — Também estou com saudades deles.

— Por que as coisas não podem voltar a ser como antes? Quero a minha antiga vida de volta! — chorou Abby, correndo para dentro de casa.

Fiquei triste de ver Abby tão chateada. Eu entendia um pouco o que ela estava passando, pois também estava sentindo as mesmas coisas. Mas ela não conseguia entender como alguma coisa boa poderia surgir da nossa mudança. Houve dias em que também me fiz essa pergunta, mas conseguia enxergar o contexto com a ajuda de Deus. Abby, porém, só conseguia enxergar uma coisa: o seu mundo estava radicalmente diferente, e ela não estava gostando nem um pouco disso.

Quase um ano após a nossa mudança, Abby foi convidada para uma festa do pijama na casa de uma colega de classe. Eu tinha certeza de que ela ficaria animada para ir, mas ela estava bastante desanimada. Enquanto eu dobrava a sua camisola do Scooby Doo e guardava na sua mala de bolinhas, Ab se jogou na cama e anunciou:

— Eu não vou.

— Por que não? — perguntei.

— Porque gosto de ficar em casa — ela respondeu, com naturalidade. — Você quer assistir a um filme comigo hoje à noite?

— Claro — eu disse, sorrindo.

Essa foi a primeira vez que Abby mostrou algum afeto pela nossa casa nova. Na verdade, acho que essa foi a primeira vez que ela se referiu à nossa residência no Texas como "casa". Ab havia, finalmente, entendido que "lar" tem pouca relação com a nossa localização geográfica: tinha muito mais relação com o lugar onde passamos o tempo juntos — assistindo a filmes, comendo pudim de chocolate, pintando as unhas, brincando com os nossos cachorros e, simplesmente, sendo uma família.

Passaram-se décadas desde essa primeira mudança e, desde então, sobrevivemos a outra mudança para o outro lado do país, quando voltamos para Indiana, assim como mudanças para faculdades diferentes no Kentucky, na Flórida e na Califórnia. Cada uma dessas mudanças teve o seu conjunto de circunstâncias emocionantes e, às vezes, assustadoras; mas todos nós aprendemos que "lar" é onde vivemos, aquele lugar onde Deus sempre nos acompanha.

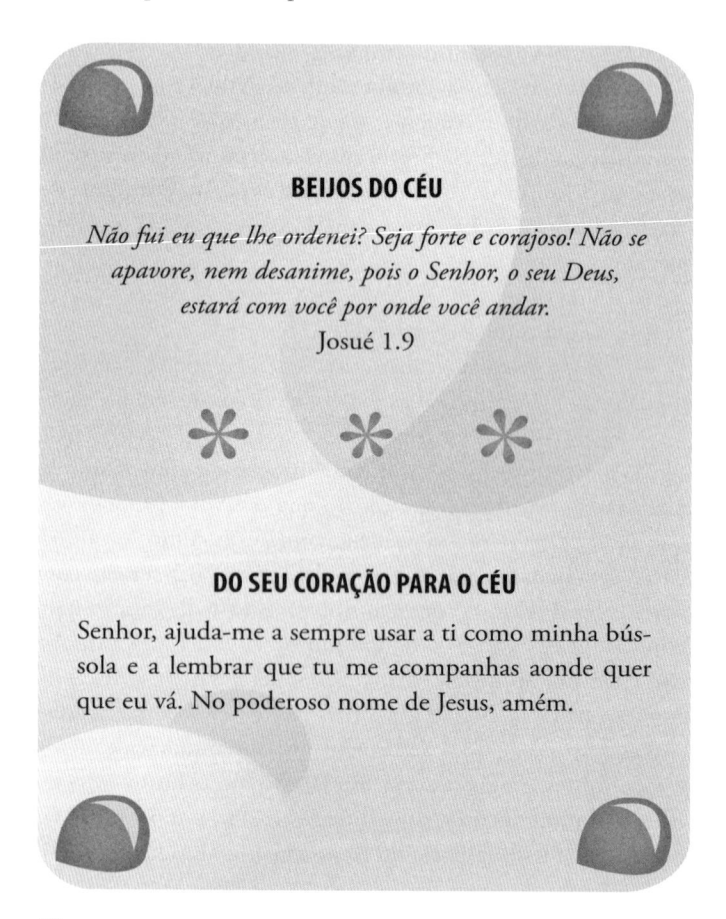

BEIJOS DO CÉU

Não fui eu que lhe ordenei? Seja forte e corajoso! Não se apavore, nem desanime, pois o Senhor, o seu Deus, estará com você por onde você andar.
Josué 1.9

DO SEU CORAÇÃO PARA O CÉU

Senhor, ajuda-me a sempre usar a ti como minha bússola e a lembrar que tu me acompanhas aonde quer que eu vá. No poderoso nome de Jesus, amém.

Capítulo 48

QUAL SAPATO CALÇAR EM CADA PÉ?

Quando estávamos correndo para fora de casa, em uma daquelas manhãs caóticas, percebi que Allyson ainda estava carregando seu tênis rosa na mão.

— Por que você não calçou o tênis? — perguntei.

— Porque você não me disse qual sapato calçar em cada pé!

— Lembra-se do que o papai ensinou a você? — eu a lembrei, meio exasperada. — Você deve colocar o sapato no pé que faz a mesma curva. É assim que você sabe qual sapato calçar em cada pé.

Ela assentiu com a cabeça, como se tivesse entendido. E senti que fizemos um avanço.

Depois da escola, fomos ao McDonald's para lanchar e brincar um pouco.

Depois de engolir seus hambúrgueres e fritas, as meninas tiraram os sapatos e sumiram para dentro dos túneis coloridos. Terminei de tomar o meu milk-shake de chocolate e comecei a ler o jornal para acompanhar o que estava acontecendo no mundo, fora da escola primária.

Os 45 minutos seguintes voaram.

— ABBY e ALLYSON!! — gritei para as suas carinhas que olhavam para mim através de uma das janelas do brinquedo. — Venham, precisamos ir para casa.

Abby calçou rapidamente a sua sandália, enquanto Allyson levou alguns minutos analisando o seu sapato. Primeiro, ela pegava um dos calçados e o segurava ao lado do seu pé, para conferir se a curva era igual. Depois, pegava o outro pé do sapato e fazia a mesma coisa.

Por fim, completamente frustrada, Allyson perguntou:

— Qual deles vai em qual pé?

— Qual sapato você acha que encaixa em cada pé? — perguntei.

— Eu não sei — ela respondeu. — Não consigo descobrir.

— Você conferiu as curvas?

— Sim, mas não adiantou nada.

— Continue tentando — orientei. — Você consegue.

Allyson, no entanto, já estava cansada. Ela pegou os sapatos e disse:

— Eu levo na mão.

— Não, eu ajudo você — falei, calçando o seu pé direito e, depois, o esquerdo. — Um dia você vai conseguir, querida.

Dei um grande suspiro, percebendo que, na realidade, não tivemos o grande avanço que eu havia pensado naquela manhã.

Mais tarde, naquela noite, depois de fazer o dever de casa e tomar banho, as meninas vestiram seus pijamas e subiram em nossa cama para ouvir sua história de dormir e orar.

— Boa noite, mamãe — disse Abby, antes de sair em direção ao seu quarto.

— Boa noite, querida.

— Boa noite, mamãe. Te amo — disse Allyson, me dando um beijo e um abraço.

Enquanto eu a abraçava, olhei de relance para a sua pantufa de coelhinho. As orelhas estavam apontadas para o lado errado, o que só podia significar uma coisa: Allyson ainda não tinha aprendido qual pantufa calçar em cada pé.

Eu não disse nada, apenas sorri e a abracei novamente.

Nós agimos muito assim quando estamos amadurecendo no Senhor. Há muitos dias em que não consigo descobrir "qual sapato calçar em cada pé" — especialmente quando se trata de ser mãe e tomar as melhores decisões para as minhas filhas. Eu me deparo com uma situação e, assim como Allyson, tento combiná-la com a solução certa. Às vezes, estudo a situação durante dias, semanas e até meses. Por fim, completamente frustrada, acabo abandonando o problema, da mesma forma que Allyson fez, pegando os sapatos e levando-os na mão.

Eu me pergunto quantas vezes já me aproximei com ousadia da sala do trono, com as orelhas dos coelhinhos da minha pantufa apontando para a direção errada, e quantas vezes Deus, simplesmente, sorriu e me abraçou.

Portanto, se você está enfrentando alguma dificuldade em sua vida hoje e simplesmente não consegue descobrir "qual sapato calçar em cada pé", Deus está com você. Nenhum problema, situação ou desafio é grande demais para o nosso Deus. Ele a ama e quer ajudá-la.

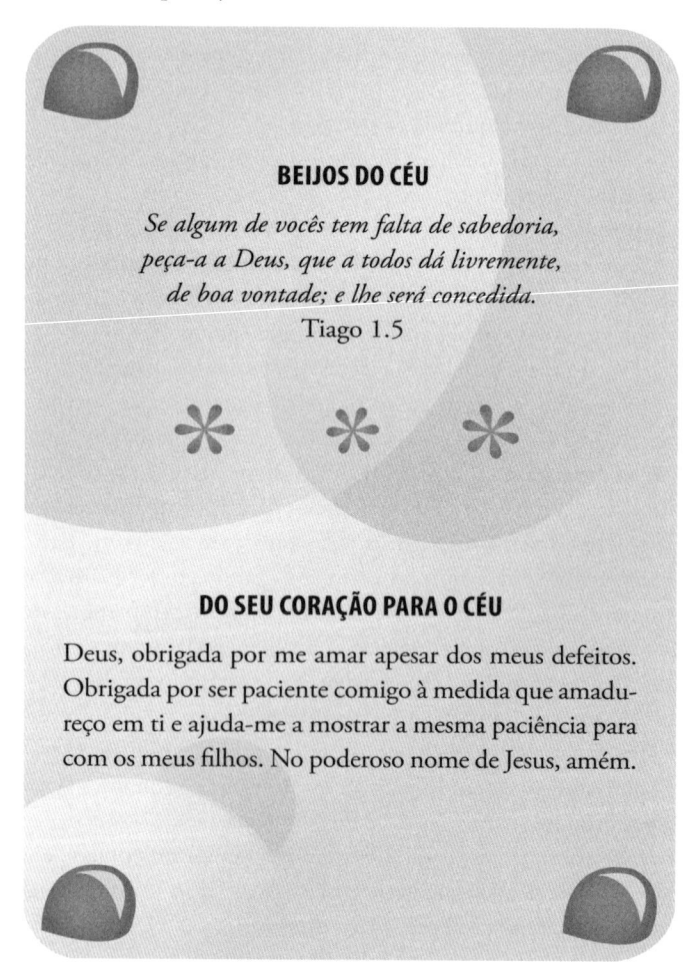

BEIJOS DO CÉU

Se algum de vocês tem falta de sabedoria, peça-a a Deus, que a todos dá livremente, de boa vontade; e lhe será concedida.

Tiago 1.5

DO SEU CORAÇÃO PARA O CÉU

Deus, obrigada por me amar apesar dos meus defeitos. Obrigada por ser paciente comigo à medida que amadureço em ti e ajuda-me a mostrar a mesma paciência para com os meus filhos. No poderoso nome de Jesus, amém.

Capítulo 49

CHEGA DE SER CONTROLADORA

Abby, minha filha mais velha, sempre quis ser professora. Quando era pequena, ela costumava colocar todos os seus bichinhos de pelúcia sentados em fila e fingir que estava dando aula para eles. Além disso, ela tem um grande dom para lidar com crianças. Onde quer que estejamos, as crianças a encontram e interagem com ela — Abby, realmente, as atrai. Essa é, obviamente, a sua vocação. No entanto, depois de passar um ano na faculdade estudando para se tornar professora, Abby começou a questionar a carreira que escolheu. Em vez de deixá-la expressar as suas preocupações e ouvi-la, comecei a tentar gerenciar a situação. Sugeri que ela considerasse estudar ciência política, com pós em marketing. Eu disse como ela seria uma boa "chefe de gabinete" de algum senador, graças à sua personalidade extrovertida e às suas habilidades organizacionais e para resolução de problemas. No final daquele dia, eu já havia conseguido para ela um estágio no gabinete de um senador durante as férias de verão. Eu estava cuidando de tudo... Mas não deveria estar.

Hoje, vejo que deveria ter deixado Abby expressar as suas preocupações sobre a carreira que havia escolhido e lhe dito que ela estava preparada e que era capaz de seguir aquela carreira. Depois, eu poderia me colocar de joelhos e orar por ela. Em vez disso, eu a ajudei a fazer uma transferência para uma faculdade com um forte currículo de ciências políticas, o que fez com que ela se mudasse para um lugar muito distante. Também a ajudei a decorar o seu quarto no dormitório novo e fiquei muito orgulhosa de mim, por ser uma mãe tão boa aos meus próprios olhos.

Só que eu não deveria ter ficado orgulhosa de mim.

Depois de passar um semestre nessa faculdade, que era muito longe de casa para o gosto de Abby, e se matricular em aulas que sabia que não faziam parte da sua vocação, ela pediu transferência para a Universidade de Indiana (que fica a trinta minutos da nossa casa) para se formar professora. Tudo isso custou a ela cerca de um ano de créditos — e, a nós, cerca de 80 mil reais.

Sim, nós duas aprendemos essa lição da maneira mais difícil.

Depois desse incidente (e de um pote inteiro de sorvete de chocolate), percebi que deveria participar de um grupo de apoio. "Olá, o meu nome é Michelle Medlock Adams e eu sou uma mãe controladora."

Seja sincera... Você também precisa participar desse grupo de apoio?

O dicionário on-line define *Microgerência* como "uma gestão com controle ou atenção excessivos nos detalhes". Isso, basicamente, resume a minha personalidade — especialmente quando se trata das minhas filhas. Acho que sempre fui uma mãe controladora, mas, no meu coração, sei que tive as melhores intenções. Eu tentava "resolver" tudo para as minhas filhas, pensando que poderia, dessa maneira, impedir que elas cometessem erros. Queria evitar que o coração delas fosse ferido. Queria protegê-las de todas as tempestades da vida, mas sabe o que aprendi? Que isso é impossível. E não é apenas impossível — também é algo ruim, porque, às vezes, precisamos aprender as coisas da maneira difícil, ou seja, enfrentando dificuldades. Além disso, também descobri que não estou sempre certa.

Dá para imaginar isso?

Portanto, se você também é um pouco controladora, escute o que eu digo: é melhor deixar que Deus seja o único a controlar as coisas na sua casa. Você descobrirá que ele é infinitamente melhor nisso do que você, e os seus filhos serão muito mais felizes se você parar de interferir um pouco — ou, no meu caso, muito. Você também será muito mais feliz ao fazer isso. A microgerência é um trabalho frustrante, ingrato e estressante. Além disso, é um trabalho que você nunca deveria ter assumido; então deixe-o para Deus e volte a ser, apenas, "Mãe".

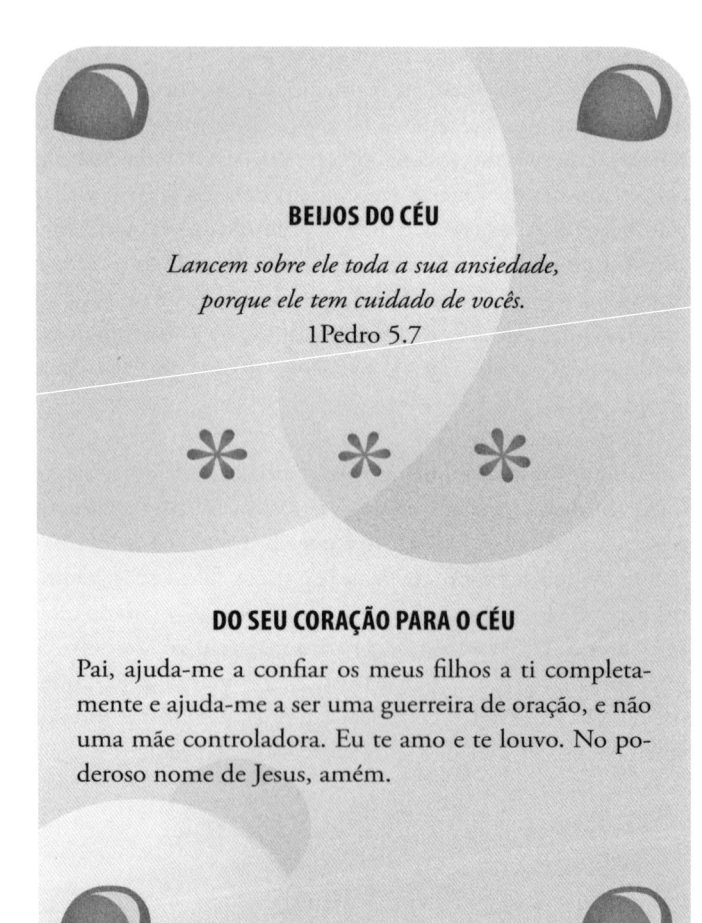

BEIJOS DO CÉU

*Lancem sobre ele toda a sua ansiedade,
porque ele tem cuidado de vocês.*
1 Pedro 5.7

DO SEU CORAÇÃO PARA O CÉU

Pai, ajuda-me a confiar os meus filhos a ti completamente e ajuda-me a ser uma guerreira de oração, e não uma mãe controladora. Eu te amo e te louvo. No poderoso nome de Jesus, amém.

Capítulo 50

O TRABALHO MAIS ESGOTANTE E GRATIFICANTE DO MUNDO

Como mães, quer notemos isso ou não, vivemos para os nossos filhos. No início, trata-se apenas de satisfazer as suas necessidades mais básicas: alimentar, dar banho, colocar para dormir, trocar as fraldas sujas e torcer para que você consiga tomar um banho rápido antes de dormir. Quando eles crescem, nós nos transformamos em suas motoristas, treinadoras, ajudantes da lição de casa, cozinheiras de biscoito de chocolate e muito mais. Quando chegam ao ensino médio, os nossos papéis mudam um pouco à medida que nossos filhos ganham mais independência, mas continuamos sentadas nas arquibancadas, torcendo por eles ou acompanhando-os — para seu óbvio constrangimento — em suas festas da escola, ajudando-os a preencherem a matrícula da faculdade ou recebendo todos os seus amigos para uma noite de pizza.

É isso que fazemos e é assim que somos.

É o trabalho mais desgastante e gratificante da sua vida, e tudo passa muito rápido, como um borrão de maravilhas. E, então, quando toda a agitação da formatura do ensino médio acaba e você termina de ajudá-los a fazer a mudança para os dormitórios da faculdade, a ficha cai.

O seu ninho está vazio para sempre.

A ficha caiu para mim quando deixamos Ally, a nossa caçula, em frente ao seu alojamento estudantil e entramos no transporte para o aeroporto de Los Angeles. Ela ficou na calçada acenando para nós, e pude perceber que ela estava engolindo o choro, mas não consegui fazer o mesmo. Solucei durante todo o trajeto até o aeroporto e durante a maior parte do voo de quatro horas e meia de volta para Indiana. Eu não estava triste porque ia ficar sozinha com o meu marido, Jeff; afinal, eu ainda gostava muito dele, mesmo depois de 22 anos de casamento. Eu, simplesmente, não sabia quem eu era ou qual era o propósito da minha vida sem as minhas filhas.

Ele segurou a minha mão no voo e sussurrou:

— Vai ficar tudo bem. Você fez um ótimo trabalho com as nossas meninas. Elas estão prontas.

O problema era que eu não estava pronta! Eu queria mais tempo. Queria mais dias de compras no shopping. Queria mais maratonas de noites de filmes; queria mais competições de líderes de torcida. Queria mais jogos e brincadeiras. Eu queria... mais.

O meu trabalho preferido — aquele que eu havia amado por mais de vinte anos — tinha chegado ao fim. Pelo menos, era assim que eu estava me sentindo quando voltamos naquele dia para casa, que estava vazia, exceto pelos três gatos e dois cachorros que foram me receber quando cheguei.

Naquele exato momento, o meu celular vibrou. Era uma mensagem de Ally: "Já estou com saudades de você e do papai. Sei que você está triste, mas não fique assim, mãe. Ainda vamos nos encontrar durante as férias. Eu te amo muito. Você sempre será a minha melhor amiga."

Enxuguei minhas lágrimas bem a tempo de ler outra mensagem, de Abby, que já estava no segundo ano da faculdade e havia acabado de se transferir para uma universidade cristã da Flórida: "Oi, mãe, podemos nos falar pelo Skype hoje à noite? Estou precisando ver o seu rosto."

Era como se Deus quisesse me mostrar que o meu trabalho de mãe ainda não havia acabado. As minhas filhas ainda precisavam de mim; e elas sempre precisariam. Assim que acabei de responder às duas mensagens, Jeff entrou.

— Quer ir para a cama mais cedo e assistir a um filme? — ele perguntou, abrindo o mesmo sorriso pelo qual me apaixonei quando estávamos no ensino médio.

— Claro — respondi.

Peguei a minha bolsa e subi as escadas, sentindo que o meu ninho estava vazio, mas o meu coração estava cheio. E fico feliz em informar que ele continua cheio. As minhas filhas ainda precisam de mim; e Jeff e eu estamos aproveitando o ninho vazio muito mais do que imaginamos. Parece que estamos, novamente, em lua de mel!

Independentemente da fase da maternidade em que você estiver, valorize cada momento. Aproveite ao máximo. Tire muitas fotos. Crie muitas memórias. Faça muitas orações. E saiba que o ninho nunca fica verdadeiramente vazio. As minhas passarinhas lindas voam de volta para casa frequentemente, e os seus passarinhos farão o mesmo.

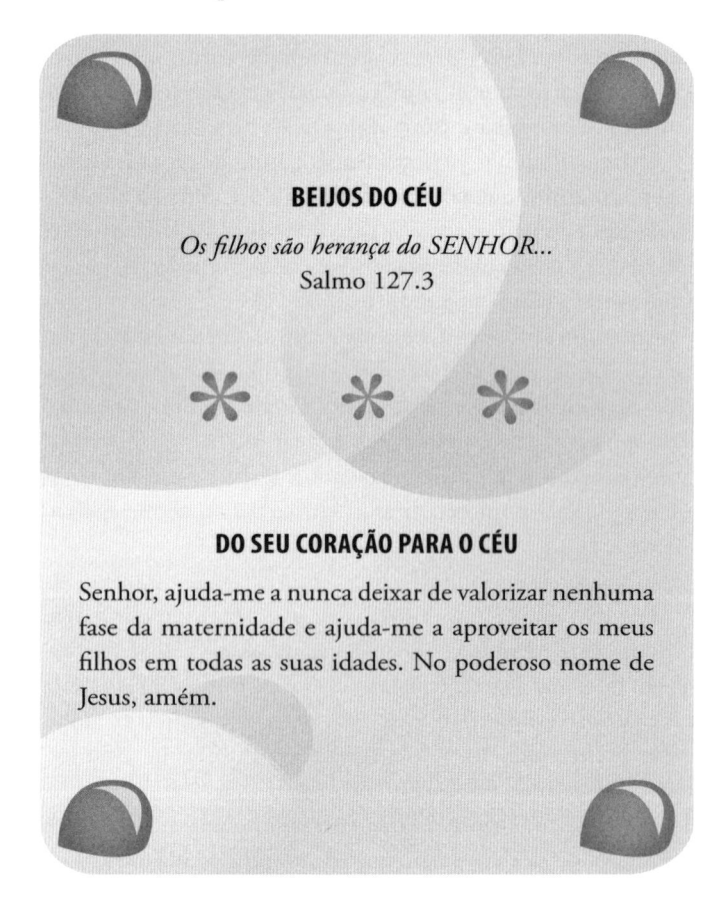

BEIJOS DO CÉU

Os filhos são herança do SENHOR...
Salmo 127.3

* * *

DO SEU CORAÇÃO PARA O CÉU

Senhor, ajuda-me a nunca deixar de valorizar nenhuma fase da maternidade e ajuda-me a aproveitar os meus filhos em todas as suas idades. No poderoso nome de Jesus, amém.

· · · · · · · · · · · · · · · ·

Este livro foi impresso em abril de 2017,
pela Geográfica para a Geográfica Editora.
Composto nas tipologias Myriad Pro e Adobe
Garamond Pro.

O papel do miolo é polen bold 70g/m^2

· · · · · · · · · · · · · · · ·